reinhardt

Petra B. Wieschalla

Überlebenstipps für Elternkümmerer

Eltern begleiten, Fallen vermeiden

2., aktualisierte Auflage

Ernst Reinhardt Verlag München

Petra Brigitte Wieschalla, Offenbach am Main, berät als Angehörigencoach, Demenzberaterin und Referentin Menschen, die sich um ihre alten Eltern kümmern und gleichzeitig gut für sich sorgen wollen.
www.petrawieschalla.de

Bibliografische Information der Deutschen Nationalbibliothek

Die Deutsche Nationalbibliothek verzeichnet diese Publikation in der Deutschen Nationalbibliografie; detaillierte bibliografische Daten sind im Internet über <http://dnb.d-nb.de> abrufbar.
ISBN 978-3-497-02985-3 (Print)
ISBN 978-3-497-61673-2 (PDF-E-Book)
ISBN 978-3-497-61674-9 (EPUB)

2., aktualisierte Auflage

Printed in EU
Covermotiv: © Halfpoint/stock.adobe.com
Satz: JÖRG KALIES – Satz, Layout, Grafik & Druck, Unterumbach

Ernst Reinhardt Verlag, Kemnatenstr. 46, D-80639 München
Net: www.reinhardt-verlag.de E-Mail: info@reinhardt-verlag.de

Inhalt

Checklisten zum Download finden Sie unter
www.reinhardt-verlag.de

1 Einleitung

Für meinen Vater

Sie müssen sich nicht um Ihre Eltern kümmern – doch Sie können sich dafür entscheiden.

Mitzuerleben, dass die eigenen Eltern alt werden und nicht mehr so können, wie früher. Das ist schwierig und schmerzhaft. Jeder geht anders damit um. Nicht wahrhaben wollen, ignorieren, sich zurückziehen, Aktionismus, überfürsorglich sein, das Leben der Eltern komplett übernehmen wollen.

Je bewusster Sie diese Phase annehmen und sich darauf vorbereiten, umso besser wird es Ihnen gelingen, für Ihre Eltern da zu sein.

Doch warum „Elternkümmerer“? Meiner Erfahrung nach fühlen sich viele Töchter und Söhne nicht als pflegende Angehörige. Denn dabei haben sie meist das Bild von aktiver Körperpflege und das Windeln wechseln vor Augen. Nun, das machen Sie wahrscheinlich wirklich nicht, doch Sie kümmern sich um so viel anderes.

Deshalb habe ich dieses Buch für Sie geschrieben. Es soll Ihnen helfen, Ihre Leistung anzuerkennen, und Wege aus der Überforderung zeigen. Mit lebensnahen Fallbeispielen und konkreten Tipps, die Sie auch in Ihrem vollgepackten Alltag gut umsetzen können.

Wenn ich von Eltern spreche, dann meine ich sowohl beide Elternteile als auch nur Vater oder Mutter. Ausnahmen davon gehen aus dem Text hervor. Es gibt ja außerdem noch sehr viele Schwiegertöchter und Schwiegersöhne, die auch ihren wertvollen Beitrag beim Kümmern um die Schwiegereltern leisten. Auch wenn ich diese nicht extra erwähne.

Irgendwann – meist sehr schleichend – kommt die Erkenntnis, dass die eigenen Eltern nicht für immer so jung, gesund und aktiv bleiben, wie Sie es so ganz selbstverständlich von ihnen erwarten.

Doch wie geht es dann weiter? Vertauschen sich wirklich die Rollen, oder bleiben Sie immer die Tochter oder der Sohn? Beides. Dieses Buch soll Ihnen helfen und Sie auf diesem Weg begleiten. Nicht alles wird jetzt auf Sie zutreffen, manches vielleicht später und einiges auch gar nicht. Doch es soll Ihnen Mut machen, diesen Weg bewusst zu gehen. Neben all den vielen Aufgaben kann es auch eine Bereicherung sein, den eigenen Eltern noch einmal neu auf einer anderen Ebene zu begegnen. Erwachsener und auf Augenhöhe. Das ist die Kür. Vielleicht hilft Ihnen das Buch vor allem dabei, Ihre Nerven zu bewahren und gut für sich zu sorgen.

Wenn Sie allgemeingültige Lösungen und den ultimativen Tipp erwarten, dann muss ich Sie leider enttäuschen. Jede Situation, jede Konstellation ist individuell. Es geht eher darum, sich bewusst zu werden, aus wie vielen Facetten das Thema Elternkümmerer besteht und in wie vielen Bereichen Sie ansetzen können. Auch die Erkenntnis, dass es in einigen Bereichen richtig gut läuft, kann schon Erleichterung bringen. Was Sie allerdings erwarten können, sind vielfältige Anregungen, um sich und Ihren Eltern das Leben zu erleichtern. Wenn das dann bei Ihnen zu einigen Aha-Momenten führt, würde mich das sehr freuen.

Ich verstehe beide Seiten – sehe die Befürchtungen der Eltern, dass sie langsam die Kontrolle über ihr Leben verlieren, nicht mehr für voll genommen werden und die Herausforderung, mit ihren eigenen Verlusten klarkommen zu müssen. Und gleichzeitig sehe ich auch die Seite der sich kümmernden Töchter und Söhne, die mit den vielfältigen Aufgaben oft überfordert sind.

Was gegen die Überforderung hilft, ist Klarheit. Je klarer Sie für sich sind, umso stressfreier und gelassener können Sie sein. Und umso weniger Diskussionen und Streit gibt es. Sagen Sie ganz klar: „Ich bin unter der Woche gerne für euch da. Doch am Wochenende komme ich nicht. Punkt". Ohne Begründung, ohne Rechtfertigung. Das öffnet sonst nur wieder den Weg in Diskussionen. Mit dieser klaren Ansage können sich Ihre Eltern besser arrangieren. Es heißt nicht, dass ihnen das gefallen muss. Doch wenn Sie klar sind und bei sich bleiben, dann werden Ihre Eltern das eher akzeptieren.

Ein weiterer ganz wichtiger Punkt ist die Selbstfürsorge. Und das ist so viel mehr als einmal im Monat zur Massage zu gehen oder sich alle drei Monate einen Wellnesstag zu gönnen. Selbstfürsorge fordert Sie auf, zu sich und Ihren Bedürfnissen zu stehen. Diese genauso ernst zu nehmen, wie die Bedürfnisse Ihrer Eltern. Und das ohne schlechtes Gewissen, aus dem Wissen heraus, dass niemandem geholfen ist, wenn Sie aus lauter Pflichterfüllung krank werden oder wenn Sie Ihr Leben für Ihre Eltern aufgeben.

Ja – ich weiß aus eigener Erfahrung, dass das eine sehr herausfordernde Aufgabe ist, dass einem manchmal fast das Herz bricht, wenn man die Wünsche und Bedürfnisse der Eltern jetzt gerade nicht erfüllen kann. Doch ich weiß auch, wie wichtig das langfristig für Sie ist. Es ist auch Ihr Leben. Deshalb denken Sie daran – Selbstfürsorge braucht Mut!

Oftmals entscheidet man sich gar nicht bewusst, sich um die alten Eltern zu kümmern, sondern man rutscht da so ganz unmerklich rein. Wenn Sie merken, dass Ihnen das alles zu viel wird, ist es wichtig, innezuhalten und sich die eigene Situation ehrlich anzuschauen. Als sich kümmernde Tochter oder als sich kümmernder Sohn haben Sie eine sehr komplexe Rolle übernommen. Sie sind weiterhin eine erwachsene Frau, ein erwachsener Mann und gleichzeitig übernehmen Sie eine zusätzliche Aufgabe innerhalb Ihrer Familie. Manchmal passen diese Rollen zusammen und manchmal haben sie ganz unterschiedliche Ziele und der Konflikt ist vorprogrammiert. Wenn Sie darauf vorbereitet sind, dann werden Sie davon nicht so kalt erwischt und können gelassener reagieren. Dabei soll Ihnen dieses Buch helfen.

Zwei weitere Punkte:

- Atmen nicht vergessen! Tief ein- und ausatmen, gerade dann, wenn es stressig wird. Das entspannt Sie und die Situation.
- Humor. Das Thema ist schwer genug. Es darf Ihnen auch gut gehen und Sie dürfen über die Absurditäten des Alltags mit Ihren Eltern lachen. Das ist sehr erleichternd.

Ich habe viele der Situationen selbst erlebt, entweder in meiner eigenen Familie oder in meinen Beratungen. Dabei liegt mir vor allem das Thema Selbstfürsorge sehr am Herzen: Ich habe mehrere Angehörige und vor allem meinen Vater durch die Demenz bis zu seinem Tod begleitet. Und gleichzeitig war ich fast zwanzig Jahre mit meinem Mann verheiratet, der kurz nach unserer Hochzeit einen Verkehrsunfall hatte und seitdem querschnittgelähmt auf einen Rollstuhl angewiesen ist. Wir waren ein gutes Team und ich habe dabei immer wieder gelernt, den Blick auf das zu richten, was möglich ist. Gemeinsam haben wir über hundert Tauchgänge erlebt und waren zusammen für die Deutsche Nationalmannschaft im Rollstuhlcurling bei den Paralympics 2018 in Südkorea. Die Erkenntnis, nach dieser gemeinsamen Zeit meinen eigenen Weg gehen zu müssen und das auch wirklich umzusetzen, hat mir noch einmal mehr in der Tiefe gezeigt: Selbstfürsorge braucht Klarheit, Mut und Erlaubnis.

Ich bin immer wieder voller Wertschätzung, was so viele Töchter und Söhne leisten, oft unbemerkt, auch wenn sie nicht die Anerkennung erhalten, die sie verdienen. Sie sind mit Ihren Sorgen nicht alleine! Millionen anderer Töchter und Söhne geht es auch so.

Das Buch soll Ihnen dabei helfen, wieder handlungsfähig zu werden. Das ist mein größter Wunsch. Wenn Sie es schaffen, gelassener mit dem Kümmern um die Eltern umzugehen, dann sind Sie auch eine Hilfe und ein Vorbild für andere. So tragen wir alle gemeinsam zu einem heilsameren Zusammenleben in der Familie bei.

2 Wer oder was sind Elternkümmerer?

Warum kümmere ich mich eigentlich?

Wenn es darum geht, sich um die eigenen Eltern oder Schwiegereltern zu kümmern, gibt es nicht den einen Grund. Es sind sehr vielschichtige Beweggründe, warum man diese Aufgabe übernimmt. Einige davon sind einem ganz klar und bewusst, andere laufen ganz unterschwellig mit.

Ich lade Sie zu einer Bestandsaufnahme ein. Nehmen Sie sich etwas Zeit dafür. Am besten an einem Ort, an dem Sie sich wohlfühlen und ungestört sind. Ich empfehle Ihnen, diese Übung schriftlich zu machen, denn beim Schreiben kommen auch die Gedanken zu Wort, die sonst im Alltag schnell überhört werden.

Starten Sie mit der Frage: „Warum kümmere ich mich um meine Eltern?"

Lassen Sie sich Zeit für die Beantwortung und spüren Sie in sich hinein. Die ersten Antworten sind meist ganz klar, denn die haben Sie sich und anderen schon oft erzählt. Doch fragen Sie sich dann weiter:

Ist das wirklich der einzige Grund, oder gibt es da noch etwas anderes, tiefer gehendes?

Warum wirklich? Und warum genau das?

Ganz wichtig dabei – schreiben Sie erst mal alles auf, ganz unzensiert. Diese Gedanken sind nur für Sie bestimmt. Vor allem, wenn es dabei Motive gibt, die Ihnen vielleicht unangenehm oder peinlich sind.

Es lohnt sich! Denn je klarer Sie sind, umso kraftvoller können Sie Ihren Alltag gestalten. Und es gibt viel mehr Beweggründe, als Sie vielleicht annehmen. Hier sind einige Beispiele:

- Was sagen denn die Leute, wenn ich es nicht mache!
- Das würde ich mir nie verzeihen.
- Es ist doch meine Mutter!
- Ich habe es meinen Eltern versprochen.
- Aus Mitgefühl, Liebe und Dankbarkeit.
- Ich möchte meinen Kindern ein Vorbild sein.
- Wer soll es denn sonst machen?
- Es ist doch meine Pflicht als Tochter.
- Ich will meinen Mann beim Kümmern um seine Eltern unterstützen.
- Ich will meinen Geschwistern beweisen, dass ich doch zu etwas tauge.
- Es hat sich irgendwie so ergeben.
- Ich wohne von meinen Geschwistern am nächsten dran.
- Es macht sonst ja keiner.
- Ich bin das einzige Kind.
- Weil ich es kann.
- Ich fühle mich verpflichtet.
- Weil ich es möchte.
- Meine Eltern waren immer für mich da, das möchte ich ihnen jetzt zurückgeben.

- Ich habe ein schlechtes Gewissen, wenn ich es nicht mache.
- Meine Mutter verlangt es von mir.
- Mein Vater akzeptiert niemand anderen.
- Meine Geschwister sind unfähig.
- Meine Schwester hält sich aus allem raus.
- Mein Bruder kann das nicht.
- Ich mache mir Sorgen um meine Eltern.
- Ich will meine Eltern retten.
- Der Gedanke, dass meine Eltern sterben könnten, ist unerträglich für mich.
- Ich will endlich die Anerkennung meiner Mutter. Sie soll wenigstens einmal sagen: „Kind, ich bin stolz auf dich."
- Wenn ich mich so richtig anstrenge, dann wird mein Vater nicht sterben.

Im nächsten Schritt untersuchen Sie Ihre Gründe einmal genauer. Die folgende Skala mit den drei Bereichen hilft Ihnen beim Sortieren:

1. Die „Alternativlosen":
Weil ich es muss.
Ich habe keine Wahl.

2. Die „Freiwilligen":
Weil ich es möchte.
Ich mache es freiwillig.

3. Der Graubereich dazwischen:
Ich fühle mich verpflichtet.
Ich mache es trotzdem gerne.

Schauen Sie sich Ihre Gründe jetzt einmal auf diese Aspekte hin an und schreiben Sie diese unter die jeweilige Position auf der Skala. Sie können dafür auch ein großes Blatt Papier und Post-its verwenden.

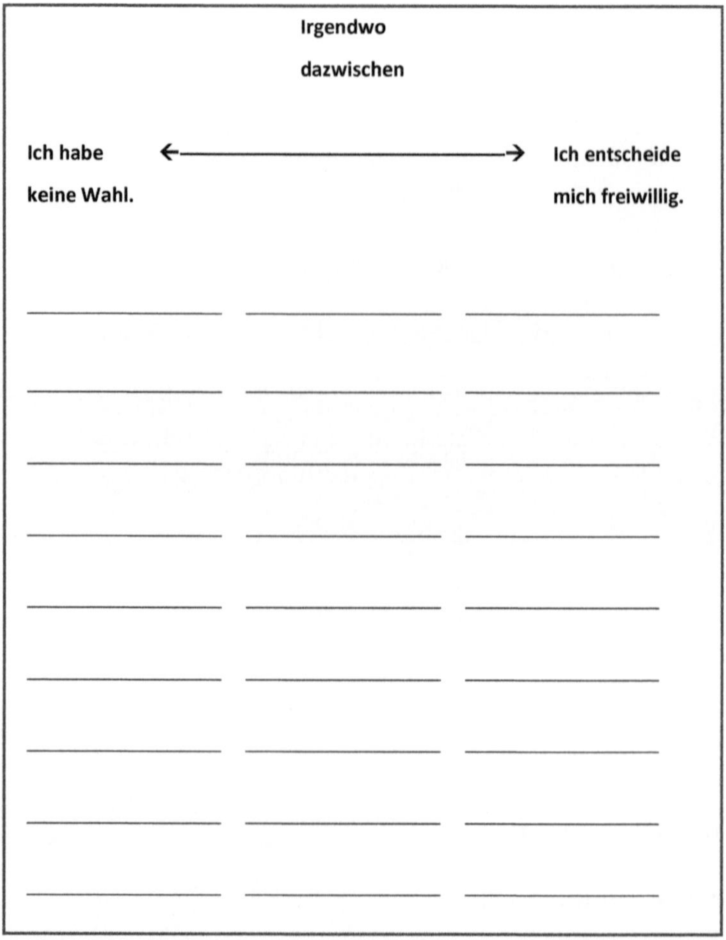

Abbildung 1: Grad der Freiwilligkeit

Schauen Sie sich Ihre ausgefüllte Skala an. Was fällt Ihnen auf? Auf welcher Seite der Skala stehen die meisten Gründe?

Wenn Sie möchten, können Sie sich für jeden einzelnen Grund folgende Fragen stellen:

- Ist das wirklich so?
- Ist das wirklich wahr?
- Bin ich wirklich die Einzige?
- Gibt es niemand anderen?
- Muss ich das genauso machen?
- Wie könnte es anders gehen?

Wie hoch ist Ihr Grad der Freiwilligkeit?
Je freiwilliger Sie sich entscheiden, je freiwilliger die Gründe sind, umso kraftvoller können Sie Ihren Alltag bewältigen, umso mehr Energie wird freigesetzt.
Eines ist mir dabei besonders wichtig: Ihre Situation kann sich verändern. Ihre Gründe können sich verändern. Sie dürfen sich neu entscheiden! Es heißt nicht, dass Sie bei der einmal getroffenen Entscheidung bleiben müssen.

BEISPIEL

Sabine D. hat sich entschieden, ihre Mutter zu sich in die Wohnung zu holen. Am Anfang lief es auch recht gut. Doch Sabine fühlt sich mit der Situation zunehmend überfordert. Sie schläft schlecht, es kommt ständig zu Reibereien mit ihrer Mutter und der Pflegeaufwand ist mittlerweile so hoch, dass Sabine am Ende ihrer Kräfte ist. Aber sie macht weiter, bis sie kurz vor einem Burn-out steht, weil sie sich immer wieder sagt: „Ich habe mich einmal dafür entschieden – jetzt muss ich es durchziehen. Ich habe doch keine Wahl. Dann würde ich mich wie eine Versagerin fühlen, weil ich es nicht geschafft habe."

Das Beispiel zeigt ganz deutlich, wie sehr wir immer wieder unsere Bedürfnisse hintanstellen. Ganz wichtig ist: Sie dürfen eine einmal getroffene Entscheidung ändern! Auch wenn das oft sehr viel Kraft und Überwindung kostet. Deshalb ist es wichtig, regelmäßig zu überprüfen, ob das alles noch so für Sie passt. Ich empfehle, die Übung alle sechs Monate zu machen. Überlegen Sie sich, ob Sie das jetzt wirklich noch leisten können und wollen, ob es genau so und in diesem Umfang sein muss und was Ihre Gründe dafür sind. Was könnten Sie abgeben, wer könnte Sie unterstützen? Dadurch bekommen Sie ein Gefühl für die notwendigen Veränderungen und können sich rechtzeitig Alternativen überlegen. Das ist ein wichtiger Punkt der Selbstfürsorge.

Was sind die Aufgaben der Elternkümmerer?

Das Kümmern um die alten Eltern betrifft die unterschiedlichsten Bereiche und ist sehr individuell. Bei den einen geht es ganz plötzlich, zum Beispiel nach einem Sturz oder einem Krankenhausaufenthalt. Andere bemerken an Kleinigkeiten, dass die Eltern nicht mehr so fit sind wie früher.

Doch die Herausforderungen sind für alle Elternkümmerer die gleichen: Die Situation der alten Eltern beschäftigt Sie und Sie machen sich Gedanken, wie Sie Ihre Eltern unterstützen können. Der Begriff „Mental Load" beschreibt das sehr treffend.

Diese Unterstützung setzt sich aus den unterschiedlichsten Bereichen und Aufgaben zusammen. Dabei wird sehr oft unterschätzt, wie viel der eigenen Zeit und Energie dafür benötigt wird. Jede Aufgabe für sich betrachtet ist vielleicht gar nicht so aufwendig. Doch wenn man sich einmal klar darüber wird, was alles dazugehört, dann ist es kein Wunder, dass viele Elternkümmerer überfordert sind.
Folgende Bereiche gehören auf jeden Fall dazu:

Die alten Eltern
Ihre Eltern benötigen zunehmend mehr Unterstützung zur Bewältigung ihres Alltags und bei der gesundheitlichen Versorgung. Gleichzeitig prallen die unterschiedlichen Erwartungen aufeinander und Konflikte aus der Kindheit kommen wieder hoch.

Medizin

Die Organisation der Arzttermine und die Begleitung zu diesen ist sehr zeitaufwendig. Hinzu kommt noch die Auseinandersetzung mit den Krankheitsdiagnosen, der Medikamentenüberwachung und der Abstimmung mit dem Pflegedienst. Selbst wenn Sie vieles davon delegieren können, müssen Sie trotzdem dafür sorgen, dass alles funktioniert.

Der Papierkram

Haben Sie schon einmal versucht, die Abrechnung eines Pflegedienstes oder Pflegeheims nachzuvollziehen? Oder die Arztkosten mit der privaten Krankenversicherung und der Beihilfe abzuklären? Oder Leistungen bei der Pflegeversicherung zu beantragen?

Allein die Übernahme der normalen Elternkorrespondenz und der Bankgeschäfte ist schon aufwendig genug. Und dann gibt es noch die spontan an der Haustür abgeschlossenen Verträge …

Zwei Haushalte

Auf einmal müssen Sie Zeit und Energie einplanen fürs Einkaufen, Kochen, Ordnung halten, waschen, putzen und die Fahrtzeit zu Ihren Eltern.

Finanzen

Die Übernahme der Bankgeschäfte, wie Überweisungen und Geld abheben, gehören dazu, aber oft auch die Sorge, ob das Geld noch reicht, oder ob Sie Ihre Eltern unterstützen müssen.

Eigene Berufstätigkeit

Berufstätige müssen mit ihrer Zeit extrem jonglieren, denn die Arbeitsanforderungen, der Termindruck und feste Arbeitszeiten bringen viel Stress mit sich. Besonders dann, wenn Sie nicht ungestört telefonieren oder im Notfall erreichbar sein können. Flexible Arbeitszeiten und Erreichbarkeit sind deshalb extrem wichtig und entlastend.

Ihr Job kann Ihnen aber auch dabei helfen, sich gegenüber Ihren Eltern gut abzugrenzen und auch mal auf andere Gedanken zu kommen.

Eigene Familie
Wenn Sie eine eigene Familie haben, wollen Sie auch den Bedürfnissen Ihres Partners und Ihrer Kinder gerecht werden, was aber nicht immer so funktioniert, wie Sie es gerne hätten. Und dann sind da noch Ihre Geschwister, die alle das Beste für Ihre Eltern wollen. Nur: Jeder versteht möglicherweise etwas anderes darunter.

Eigene Bedürfnisse
Das wohlgemeinte „Du musst mal ausspannen!" entlockt Ihnen oft nur ein müdes Lächeln. Wenn es so einfach wäre. Denn manchmal reicht es gerade noch für ein Eis auf dem Sofa vor dem Fernseher. Zeit für Freunde, Hobbies, Urlaub oder eine kurze Auszeit, müssen sich die Elternkümmerer richtig erkämpfen. Denn eigene Bedürfnisse fallen als Erstes hinten runter.

Körperlicher Stress
Je länger die Überforderung andauert, umso häufiger meldet sich der Körper: Der Stress zeigt sich z. B. in Form von Rückenschmerzen, Schlaflosigkeit, Kopfschmerzen, Heißhungerattacken oder Appetitlosigkeit.

Emotionaler Stress
Dazu kommt dann noch der emotionale Stress mit ständiger Sorge um das Wohlergehen der Eltern, Nicht-abschalten-können, ein Gefühl der Überforderung, schlechtes Gewissen und Streit.

Die deprimierenden Gedanken: „Egal, wie viel ich mache, es ist nie genug!" und das ständige unbewusste Vergleichen: „Andere schaffen viel mehr als ich!" sind ständige Begleiter.

Zeitdruck

Zu wenig Zeit zu haben – dieses Gefühl zieht sich durch alle Bereiche. Und ist bei der Fülle der Aufgaben sehr verständlich.

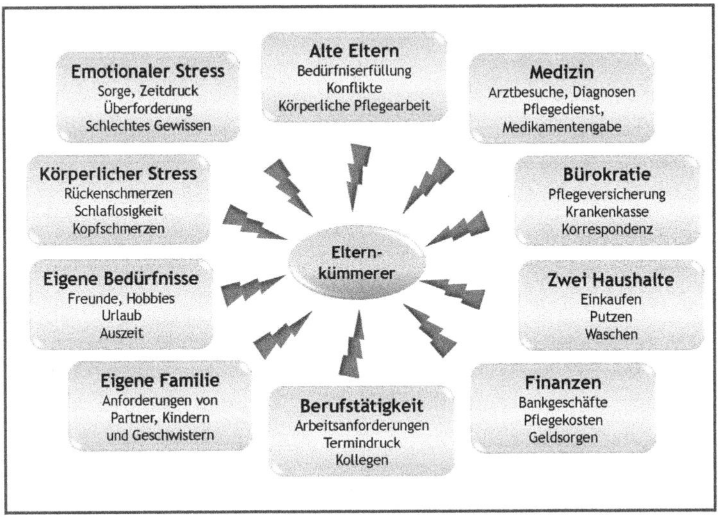

Abbildung 2: Die Aufgaben der Elternkümmerer

Wenn Sie sich jetzt einmal all diese einzelnen Bereiche anschauen, wird Ihnen hoffentlich klar, dass das Kümmern um die Eltern eine große Aufgabe ist, die sich nicht mal eben nebenbei von selbst erledigt. Und dass es wichtig ist, nicht alles allein schaffen zu wollen.

Schauen Sie sich die unterschiedlichen Bereiche einmal an und bewerten Sie für jeden Bereich, wie Sie Ihre Situation einschätzen:

Die Aufgaben der Elternkümmerer

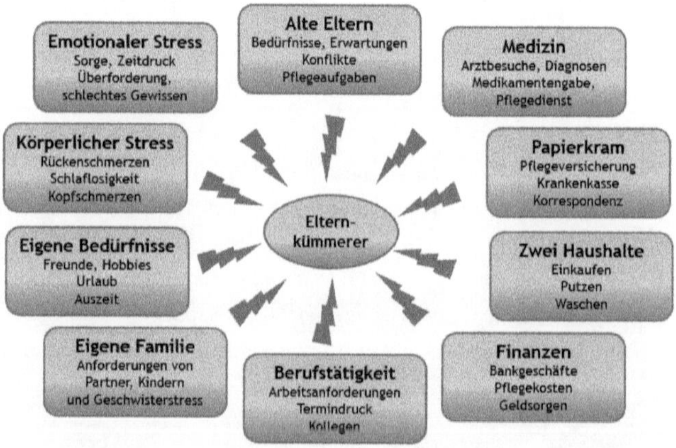

	Habe ich gut im Griff	Anstrengend, aber machbar	Stresst mich total
Alte Eltern			
Medizin			
Papierkram			
Zwei Haushalte			
Finanzen			
Berufstätigkeit			
Eigene Familie			
Eigene Bedürfnisse			
Körperlicher Stress			
Emotionaler Stress			

Abbildung 3: Situationsbestimmung

Sie haben jetzt einen guten Überblick über Ihre aktuelle Situation.
Was hat Sie überrascht?
Was war Ihnen schon klar?
Was läuft gut?
In welchem Bereich benötigen Sie die meiste Unterstützung?

Wie viel Verantwortung muss ich für meine Eltern übernehmen?

Diese Frage stellen sich die Elternkümmerer immer wieder. Wie in so vielen anderen Bereichen gibt es auch hier keine eindeutige Antwort.

Wenn Sie wirklich Verantwortung übernehmen wollen, dann setzen Sie sich rechtzeitig mit Ihren Eltern zusammen und überlegen gemeinsam, welche Lösungen am besten sind, wenn Ihre Eltern mal nicht mehr so können.

Wenn sie das dann auch noch mit einer Vorsorgevollmacht und einer Patientenverfügung festlegen, haben Sie schon einen wichtigen Schritt gemacht. Doch auch bei der Vorsorgevollmacht gilt: Solange Ihre Eltern in der Lage sind, ihren Willen zu äußern und die Folgen ihrer Handlungen abzuschätzen, sind Ihre Eltern für sich selbst verantwortlich.

Und genau hier beginnt die Grauzone.

Fakt ist – solange Sie schon auf der Welt sind, haben es Ihre Eltern geschafft, selbst für sich zu sorgen. Fakt ist aber auch, dass es jetzt Bereiche gibt, in denen Ihre Eltern sich nicht mehr so gut um sich selbst kümmern können.

Ich empfehle den Elternkümmerern daher immer, die Selbstständigkeit, Selbstbestimmung und Autonomie der Eltern so lange wie möglich zu wahren und die notwendige Unterstützung nur wohldosiert, respektvoll und gesichtswahrend anzubieten.

Es ist verständlich, dass Sie sich um Ihre Eltern sorgen, dass Sie möchten, dass es Ihnen gut geht. Und wir haben ganz oft eine genaue Idee davon, was richtig und vernünftig ist – auch wenn wir uns selbst nicht so verhalten …

Unser Verantwortungsgefühl besteht dann oft aus ungebetenen Hilfsangeboten. Wenn Ihre Mutter seit jeher für einen schön gedeckten Tisch sorgt, dann ist es für sie keine Hilfe, wenn Sie ihr sagen: „Bleib ruhig sitzen, ich decke den Tisch für dich, du schaffst das ja nicht mehr." Stattdessen könnten Sie Ihre Hilfe bei der schweren Pfanne anbieten oder beim Bereitstellen der Getränke.

Oder da gibt es die *gut gemeinten* Verbote. Wenn Ihr Vater schon immer leidenschaftlich in seinem Werkzeugkeller gebastelt hat, dann wird er auf ein Verbot „Du darfst nicht mehr in deinen Werkzeugkeller gehen, du könntest stürzen" mit Sicherheit ärgerlich reagieren.

Natürlich sollten Sie dafür sorgen, dass die Treppe hell beleuchtet ist und es keine Stolperfallen gibt. Doch es gibt auch das *allgemeine Lebensrisiko* und Sie können Ihre Eltern nicht vor allem bewahren. Ja, Ihre Mutter könnte sich beim Abwaschen am Messer schneiden oder Ihr Vater könnte auf der Treppe stürzen.

Aber wollen Sie Ihnen das wirklich alles verbieten? Sollen Ihre Eltern den ganzen Tag im Bett liegen, damit sie auf keinen Fall stürzen oder sich verletzen? Es geht dabei immer wieder um die Abwägung von Schutz vor Selbstgefährdung und dem Erhalt der Lebensqualität.

Bitte unterschätzen Sie nicht, welchen Verlust an Lebensqualität die gut gemeinten Verbote bedeuten!

Und gleichzeitig ist es immer wieder eine Gratwanderung zu entscheiden, wann Ihre Eltern sich selbst und andere so schädigen, dass Sie eingreifen müssen.

Doch die Eingangsfrage möchte ich noch aus einem anderen Blickwinkel stellen:

Wie viel Verantwortung muss ich für mein eigenes Verhalten übernehmen?

Oft stecken wir noch in der Rolle des Kindseins fest. Wir lassen uns gerne bekochen, schicken unsere eigenen Kinder ganz selbstverständlich in den Ferien zu den Großeltern und erwarten, dass der Rasen gemäht ist, wenn wir zu Besuch kommen.

Haben Sie sich schon einmal gefragt, wie anstrengend es für Ihre Eltern ist, die Großeinkäufe zu machen oder den Garten zu versorgen? Wie sie mit dem Alltag zurechtkommen?

Wenn Sie sich bewusst damit auseinandersetzen, dass es für Sie darum geht, Ihren Eltern *erwachsener* zu begegnen, dann haben Sie schon einen großen Schritt getan. Verantwortung fängt schon bei der gemeinsamen Planung für den letzten Lebensabschnitt an.

Denn wenn Sie bereits berechtigte Sorgen haben, dass Ihre Eltern nicht mehr alleine zu Hause leben können, wird es schwieriger, darüber zu reden.

! Sie *müssen* sich nicht um Ihre Eltern kümmern. Doch Sie können sich dafür entscheiden.

3 Unterstützung der Eltern

Vier Unterstützungsphasen

Es beginnt ganz unmerklich und schleichend. Oft bemerkt man es gar nicht so richtig, dass die Eltern mehr Unterstützung brauchen als früher. Der eigene Wunsch, dass alles so bleiben soll, wie es ist, steht einer realistischen Einschätzung der Situation im Weg. Das fällt dann eher denjenigen auf, die seltener Kontakt haben.

	Phase 1 Beginn Betreuung	Phase 2 Beginn Pflegebedürftigkeit	Phase 3 Fortgeschrittene Pflegebedürftigkeit	Phase 4 Komplette Pflegebedürftigkeit
Betreuungssituation der Eltern	• Wohnt alleine in eigener Wohnung • Weitgehend Selbstversorger • Langsam steigender Betreuungsbedarf	• Wohnt alleine in eigener Wohnung • Teilweise Versorgung durch Pflegedienst • Einstufung in Pflegegrad	• Wohnt zu Hause oder im Pflegeheim • Komplette Versorgung durch Pflegepersonal • Einstufung in Pflegegrad	• Wohnt im Pflegeheim • Komplette Versorgung durch Pflegepersonen notwendig • Einstufung in Pflegegrad

Abbildung 4: Betreuungs- und Pflegephasen

Unterstützungsbedarf der Eltern erkennen

Achten Sie deshalb ganz bewusst auf alle Anzeichen, die darauf hindeuten, dass Ihre Eltern überfordert sein könnten, auf Änderungen im Verhalten, in den Aktivitäten, im Gesundheitszustand, in der körperlichen und geistigen Beweglichkeit.

Es gibt Anzeichen und Dinge, an denen Sie feststellen können, ob und wie sich die Situation Ihrer Eltern verändert hat. Wenn Sie beim nächsten Mal Ihre Eltern sehen, können Sie sich diese Fragen ja mal stellen.

Im Anhang und unter www.reinhardt-verlag.de finden Sie diese Punkte auch noch mal als Checkliste.

Aber bitte – gehen Sie diskret und liebevoll vor und nicht mit der Liste unter dem Arm. Ihre Eltern sind ja nicht beim TÜV. Sonst kann es sehr schnell unangenehm werden: „Willst du mich kontrollieren?“ „Du denkst wohl, ich bin nicht mehr in der Lage, mein Leben zu organisieren?“ „Willst du mir vorschreiben, was ich in meinem Haushalt zu tun habe?“ „Von dir lasse ich mir gar nichts sagen!“

Grundsätzlich sollten Sie versuchen, sich ein Bild von der Gesamtsituation Ihrer Eltern zu machen. Achten Sie vor allem auf Dinge und Verhaltensweisen, die sich verändert haben.

1. Gesundheit. Haben Ihre Eltern an Gewicht verloren oder wirken irgendwie zerbrechlicher, nicht mehr so belastbar? Gehen sie weniger unter Leute, machen sie weniger Ausflüge? Bleibt Ihre Mutter zum Beispiel im Sessel sitzen, wenn Sie sich verabschieden, statt Ihnen wie sonst immer vor der Tür nachzuwinken? Stehen die Wasserkästen in der Garage, statt im Keller? Hören Ihre Eltern noch gut, verstehen sie alles? Dreht Ihr Vater seinen Kopf immer zur Seite, damit das *bessere* Ohr hören kann? Hat Ihre Mutter einen schlurfenden Gang oder stolpert sie häufiger als sonst, muss sie sich häufiger hinsetzen, will oder kann sie keine langen Spaziergänge mehr machen?

Achten Sie auf Anzeichen einer Inkontinenz. Das ist den Eltern sehr oft peinlich und sie schämen sich dafür. Bedenken Sie – es nicht mehr rechtzeitig auf die Toilette zu schaffen, ist ein Verlust an Selbstbestimmung! Deshalb wird ganz oft eine Einladung, ein Ausflug oder eine Autofahrt abgelehnt.

Es gibt verschiedene Möglichkeiten für die Behandlung von Inkontinenz und für die Versorgung. Sie sollten die Bedenken Ihrer Eltern ernst nehmen. Und am besten so unauffällig wie möglich in den Alltag mit einbauen. „Du, ich muss grad aufs Klo, kommst du mit?“ Statt: „Du solltest jetzt aufs Klo gehen, sonst schaffst du es nachher nicht mehr!“ Und bevor Sie Ihrer Mutter sagen „Na dann mach doch einfach in die Windel“, empfehle ich Ihnen dringend: Gehen Sie am Wochenende in ein volles Kaufhaus und machen dort erst einmal den Selbstversuch! Das Gefühl der Scham ist so mächtig, das dürfen Sie nicht unterschätzen. Es kann für Ihre Mutter durchaus lebenswerter erscheinen, wenn sie nicht mehr an Ausflügen teilnimmt, als ständig in Sorge zu sein, ob sie es noch rechtzeitig zur Toilette schafft.

Eine vorausschauende Planung ist wichtig. Wenn Ihre Mutter weiß, wo sich die nächste Toilette befindet, dann ist sie beruhigter. Es gibt mittlerweile viele Geschäfte und Gaststätten, die sich der Aktion „Nette Toilette“ angeschlossen haben. Wenn Sie dieses Schild sehen, können Sie kostenlos und ohne schlechtes Gewissen die Toilette benutzen.

Informationen hierzu finden Sie auf der Seite https://www.die-nette-toilette.de, 23.03.2020.

2. Geistige Beweglichkeit und Verhalten. Unterhalten sich Ihre Eltern nicht mehr so lebhaft mit Ihnen? Oder hat sich der Inhalt der Unterhaltungen geändert? Haben Sie das Gefühl, Ihre Eltern können Ihnen im Gespräch gar nicht mehr richtig folgen?

Fällt Ihnen am Verhalten irgendetwas auf?

Es wird immer wieder die gleiche Geschichte von früher erzählt oder über die übel meinende Nachbarin geschimpft? Vielleicht wundern Sie sich auch darüber, dass Ihre Mutter auf einmal nicht mehr weiß, wie die Kaffeemaschine bedient wird, oder sie vergisst das Rezept für Ihren Lieblingskuchen.

3. Soziale Kontakte. Gehen Ihre Eltern immer noch gerne aus? Besuchen sie Freunde oder gehen in ihren Verein? Unternehmen sie Ausflüge und Urlaube? Telefonieren sie noch gerne mit ihren Freunden oder Nachbarn? Oder gehen sie auf einmal nur noch ungern aus dem Haus und beschweren sich darüber, dass sich keiner mehr meldet?

4. Wohnung/Haus. Ist die Wohnung unordentlicher als sie es sonst gewöhnt waren? Ist es vermüllt oder schmutzig? Sieht es so aus, als wurde schon lange kein Staub mehr gewischt? Liegt ungeöffnete Post herum oder Rechnungen und Mahnungen? Liegen überall Notizzettel oder Dinge, die nicht an ihrem richtigen Platz sind? Ist die Wäsche nicht weggeräumt, müssten kleinere Reparaturen gemacht werden? Eine kaputte Glühbirne, ein Stromkabel, das mit Tesafilm geklebt wurde, eine klemmende Toilettenspülung, ein tropfender Wasserhahn, ein Wassereimer unter dem tropfenden Waschbecken, Rollläden, die nicht mehr funktionieren oder zu schwer geworden sind? Gerade wenn man länger nicht mehr bei den Eltern war, entdeckt man häufig sehr abenteuerliche Konstruktionen.

5. Die Küche. Wie sieht es im Kühlschrank aus? Gibt es frische Lebensmittel oder Dinge, die Ihre Eltern normalerweise zum Kochen verwenden? Wissen Sie, was Ihre Eltern regelmäßig essen? Gibt es abgelaufenes oder verschimmeltes Essen? Gibt es dreckige Pfannen und Töpfe? Die werden gerne auch mal zur *Zwischenlagerung* in den Backofen gestellt. Haben die Töpfe oder die Küchenplatte Brandspuren? Wie sieht es mit dem Backofen, der Mikrowelle oder der Tiefkühltruhe aus?

6. Arztkontakte und Medikamente. Wissen Sie, zu welchen Ärzten Ihre Eltern gehen? Wer ist ihr Optiker, Augenarzt oder Hörgeräteakustiker? Es kann sehr sinnvoll sein, mit der Hausärztin oder dem Hausarzt Ihrer Eltern einmal einen Termin zu vereinbaren. Auch wenn Sie aufgrund der Schweigepflicht keine Auskunft über den Gesundheitszustand Ihrer Eltern bekommen, so können Sie doch vereinbaren, dass Sie im Notfall benachrichtigt werden. Und wenn Sie eine Vorsorgevollmacht für Ihre Eltern haben, dann bekommen Sie auch Auskunft über deren Gesundheitszustand. Bitte schätzen Sie genau ab, ob Sie Ihren Eltern gegenüber erzählen, dass Sie sich mit dem Arzt austauschen. Sonst fühlen sie sich zu Recht hintergangen.

Wissen Sie, welche Medikamente Ihre Eltern nehmen und aus welchem Grund?

Machen Sie sich einmal ein Bild von all den Medikamenten, Vitaminen und Nahrungsergänzungsmitteln, die Sie bei Ihren Eltern finden. Sind sie alle ordentlich sortiert und steht genau fest, in welcher Dosis sie weshalb genommen werden sollen? Gibt es angebrochene oder abgelaufene Packungen? Die Eltern denken oft, dass nicht verschreibungspflichtige Medikamente *harmloser* sind. Doch auch diese können auf Dauer schädliche Nebenwirkungen haben und sollten nicht unkontrolliert eingenommen werden. Leider verschreiben die Hausärzte oft gewohnheitsmäßig alles, was sich ihre Patienten wünschen. Nicht selten sind das auch hoch abhängig machende Schlaftabletten. „Ich muss meinem Arzt nur sagen, was ich brauche. Er verschreibt mir alles!"

7. Autofahren. Dazu gibt es noch einen eigenen Abschnitt in Kapitel 8.

Fahren Ihre Eltern noch genauso sicher wie früher? Fühlen Sie sich sicher, wenn Sie mit Ihren Eltern fahren? Würden Sie Ihr eigenes Kind mit Ihren Eltern im Auto fahren lassen? Wie sehen das Auto und die Garage aus? Kleine Beulen oder Kratzer an den Stoßstangen? Gibt es aktuelle Strafzettel?

Nach der Bestandsaufnahme

Erst mal ist es wichtig, diese Punkte für sich zu notieren oder zu bemerken. Dann überlegen Sie sich, was Sie davon wirklich ansprechen wollen. Ihre Eltern kamen bis jetzt sehr gut ohne Sie zurecht. Und auch wenn Ihnen das schwerfällt – Ihre Eltern haben das Recht, ihre Wohnung vermüllen zu lassen.

Wenn Sie einzelne Punkte ansprechen, dann kann es sein, dass Ihre Eltern ganz plausible Erklärungen für ihr verändertes Verhalten haben: Die Nachbarin war ja eh immer doof, im Verein lästern die sowieso nur über einen, das Auto muss nicht immer in der Garage stehen, draußen ist es doch viel praktischer.

Das ist aus der Sicht Ihrer Eltern ein ganz normales Verhalten. Verluste oder Dinge, die so nicht mehr gehen, werden durch anderes kompensiert. Das sind die Geschichten, die man sich erzählt, um vor sich selbst und anderen das Gesicht zu wahren. Und das ist grundsätzlich etwas Gutes. Denn es zeigt, dass Ihre Eltern noch in der Lage sind, flexibel auf die geänderten Umstände zu reagieren. Ob diese neu gefundenen Lösungswege allerdings wirklich hilfreich sind oder es vielleicht bessere Unterstützung geben könnte – das müssen Sie dann wieder beobachten und entscheiden.

Fragen Sie sich immer: Wen stört es? Sind das Ihre persönlichen Erwartungen an das Funktionieren Ihrer Eltern? Oder sind es wirklich Punkte, mit denen Ihre Eltern überfordert sind?

Achten Sie auf ein wertschätzendes Miteinander. Nicht: „Wie sieht es denn bei dir aus? Ich habe dir eine Putzfrau besorgt." Oder Sie kommen heimlich zum Putzen vorbei, schmeißen alle abgelaufenen Vorräte weg und entrümpeln den Keller. Auch wenn Ihr Vater die alten Arbeitsstiefel nie wieder benutzen wird, vielleicht erfreut er sich an der Erinnerung an alte Zeiten. Und immerhin ist es sein Eigentum. Diese Aktionen dürfen nur mit dem Einverständnis der Eltern erfolgen. Sonst ist großer Stress vorprogrammiert. Das ist eine Bevormundung durch die eigenen Kinder. Und das geht gar nicht!

Der Unterstützungsbedarf steigt sehr unauffällig an. Schauen Sie deshalb genau hin. Tauschen Sie sich mit Ihren Geschwistern oder anderen Personen im Umfeld Ihrer Eltern aus. Und bleiben Sie dran.

4 Situationsanalyse und Bestandsaufnahme der Versorgungssituation

Grundsätzlich ist es nie zu früh, sich Gedanken darüber zu machen, wie Ihre Eltern im Alter versorgt sind und wie das funktionieren soll. Doch spätestens wenn Sie feststellen, dass Ihre Eltern mehr Unterstützung brauchen als sonst, dann wird es Zeit für konkrete Schritte.

Doch was genau ist zu tun? Dieses vage Gefühl „meine Eltern brauchen Hilfe“ wird oft von einer großen Unsicherheit und dem Gefühl der Überforderung begleitet. „Ich weiß gar nicht, wo ich anfangen soll und was da alles auf mich zukommt! Mir wächst das alles über den Kopf!“ Aus eigener Erfahrung weiß ich, wie alleine der Gedanke daran schlaflose Nächte bereitet und man das Thema am liebsten ganz weit wegschieben würde.

Wenn Sie sich auf einzelne Bereiche und konkrete Schritte fokussieren, hilft Ihnen das aus der Schockstarre und Sie werden wieder handlungsfähig. Die nachfolgenden Schritte helfen Ihnen dabei, dieses wabernde ungute Gefühl in einen praktischen und realistischen Plan zu verwandeln.

Einschätzung der aktuellen Gesamtsituation

Um zu wissen, welche konkreten Schritte Sie unternehmen müssen, ist es wichtig, sich ein Gesamtbild der Situation Ihrer Eltern zu machen. Versuchen Sie, einen Schritt zurückzutreten und schauen Sie sich die einzelnen Bereiche möglichst realistisch an. Die Checkliste aus Kapitel 3 kann Ihnen dabei helfen.

In welchen Bereichen benötigen Ihre Eltern aktuell oder in absehbarer Zukunft Unterstützung?

Ich empfehle Ihnen, das auch einmal für jeden Elternteil einzeln zu betrachten. Denn oft übernehmen Ehepartner auch noch Versorgungsaufgaben für den anderen, die über die eigenen Kräfte hinausgehen.

- Familiäres Umfeld (Ehepartner, Kinder, Verwandte)
- Gesundheitliche Unterstützung (Arztbesuche, regelmäßige Medikamentengabe oder Therapien, Thrombosestrümpfe anziehen, Hörgeräte überprüfen)
- Bestehende Krankheiten: z.B. Schwerhörigkeit, Sehprobleme, Gehprobleme, Inkontinenz, Diabetes
- Allgemeine Beweglichkeit, Treppensteigen, alleine aus dem Sessel oder dem Bett kommen, spazieren gehen
- Körperpflege, Friseurbesuch, Fußpflege
- Essen und Trinken zubereiten
- Haushalt: Waschen, Putzen, Einkaufen (täglicher Bedarf und Großeinkauf)
- Mobilität: Nutzung öffentlicher Verkehrsmittel, zu Fuß gehen, Radfahren, Autofahren, Taxi fahren
- Soziale Kontakte: Kinder, Familie, Freunde, Nachbarn, Vereine, Gemeinde, Besuche von Veranstaltungen, Ausflüge
- Sicheres Wohnumfeld ohne Stufen und Stolperfallen
- Geistige Fitness und Verhalten: noch gut im Alltag zurecht kommen, Gedächtnisleistung, Interesse am Weltgeschehen, komplexe Themen begreifen können, Verhaltensänderung, Depression
- Papierkram: Rechnungen, Finanzen, Post, Kataloge
- Kommunikation: Zeitung, Fernsehen, Telefon, Handy, Internet, WhatsApp
- Hobbies

Notieren Sie sich für jeden Bereich, ob und wie viel Unterstützung Ihre Eltern benötigen, um sicher und gesund in ihrem Umfeld leben zu können. Und in welchen Bereichen sie auch schon Hilfe erhalten. Dann schauen Sie sich das Gesamtergebnis an. Sind Sie überrascht? Gerade die Bereiche, in denen es gut läuft, verliert man oft aus dem Fokus. Oder gibt es Bereiche, an die Sie noch gar nicht gedacht haben?

Wohnen Ihre Eltern zum Beispiel in einem kleinen Dorf ohne Einkaufsmöglichkeit und das Autofahren fällt ihnen zunehmend schwer? Dann ist es wichtig, sich zu überlegen, wie zukünftig für die Einkäufe gesorgt werden kann, z. B. mit einem Lieferservice, Angeboten der Nachbarschaftshilfe oder Bürgerbussen.

Ich empfehle Ihnen, sich diese Liste in regelmäßigen Abständen vorzunehmen und zu überprüfen, ob sich etwas geändert hat. Die Veränderungen passieren ja schleichend und mit dieser Checkliste bekommen Sie einen guten Überblick.

Es geht dabei nicht darum, die höchstmögliche Bedürfniserfüllung der Eltern zu erreichen und auf alle Wünsche Ihrer Eltern einzugehen, sondern darum, dass Ihre Eltern **sicher** und **gesund** in ihrem Umfeld leben können.

Im Anhang und unter www.reinhardt-verlag.de können Sie diese Checkliste jederzeit nachschlagen oder herunterladen.

Eigene Bedürfnisse und Fähigkeiten

Bevor Sie ganz automatisch davon ausgehen, dass Sie natürlich alle notwendigen Aufgaben übernehmen werden, sollten Sie sich unbedingt einmal die Zeit nehmen und ganz ehrlich mit sich sein. Ja, es geht um die Bedürfnisse Ihrer Eltern, aber es geht genauso auch um Ihre eigenen!

Dazu nehmen Sie sich die folgenden Fragen einmal in Ruhe vor und beantworten diese ganz ehrlich. Es geht hier darum, was Sie leisten wollen und leisten können. Nicht darum, was Ihre Eltern oder Ihr Umfeld von Ihnen erwarten. Oder was Sie von sich selbst als perfekte Tochter, als perfekter Sohn erwarten (siehe auch Kapitel 2).

Meine Bedürfnisse und Möglichkeiten

- In welchen Bereichen können Sie sich vorstellen, sich um Ihre Eltern zu kümmern (Abbildung 2 – Die Aufgaben der Elternkümmerer)?
- Sind Sie gesundheitlich in der Lage, sich um Ihre Eltern zu kümmern? Vielleicht gibt es einige Bereiche, die Sie überfordern, körperlich oder psychisch?
- Wohnen Sie in der Nähe und sind Sie in der Lage, so oft wie es notwendig ist, nach Ihren Eltern zu schauen?
- Wie oft und wie lange wollen Sie Ihre Eltern überhaupt besuchen?
- Wie lange können und wollen Sie diese Unterstützung leisten? Bedenken Sie, dass es sich um mehrere Jahre handeln kann.
- Könnten Sie sich vorstellen, zu Ihren Eltern zu ziehen, oder Ihre Eltern bei sich einziehen zu lassen? Wäre das überhaupt realistisch machbar? Wollen Sie das? Wollen Ihre Eltern das? Was bedeutet das für Ihre eigene Familie, Ihre Partnerschaft, Ihre Kinder?
- Wie ist das Verhältnis zu Ihren Eltern? Ist es überhaupt vorstellbar, dass Sie sich ohne Stress um Ihre Eltern kümmern, oder ist der Krach schon vorprogrammiert?
- Ganz ehrlich – welche Bereiche können Sie sich gar nicht vorstellen? Von was fühlen Sie sich überfordert? Ein Beispiel ist oft die Unterstützung bei der Körperpflege. Sie müssen Ihre Mutter oder Ihren Vater nicht waschen oder bei der Intimpflege helfen. Das ist Ihren Eltern auch oft peinlich. Wenn ein ambulanter Pflege-

dienst diese Aufgabe übernimmt, können Sie Ihre gemeinsame Zeit sinnvoller nutzen.

- Welche Aufgaben würden Sie nur übernehmen, „weil es ja sonst keiner macht" oder „weil nur Sie die Aufgabe *richtig* machen können"?

Ich bin mir sicher, dass Sie das Beste für Ihre Eltern wollen, und trotzdem – bitte denken Sie auch an sich selbst. Ich weiß, das hört sich so einfach an. Doch wenn Sie nicht mehr können, dann haben Ihre Eltern auch nichts davon. Überlegen Sie sich, welchem Ideal Sie dabei folgen: Das bestmögliche für Ihre Eltern mit allen Mitteln und unter Verleugnung Ihrer eigenen Bedürfnisse? Das kann es nicht sein, oder? Je klarer Sie sich darüber sind, was Sie leisten wollen und was nicht, umso eher findet sich ein Lösung. Und überlegen Sie sich: Falls Sie wirklich einmal ausfallen sollten, dann wird auch irgendwie für Ihre Eltern gesorgt.

Je eher und ehrlicher Sie sich mit diesen Gedanken auseinandersetzen, umso besser ist es für alle Beteiligten. Denn wenn Sie erst mal alles übernehmen, dann gewöhnen sich Ihre Eltern und Ihr Umfeld ganz schnell daran und es wird viel schwieriger, weitere Unterstützung von außen zu bekommen.

Wer könnte sich grundsätzlich kümmern?

Bevor Sie automatisch alle Aufgaben übernehmen, sollten Sie sich einige grundlegende Fragen stellen.

Wer könnte sich theoretisch noch um die Eltern kümmern?

- Ihr Ehepartner
- Ihre Geschwister
- Ihr Schwager oder Ihre Schwägerin
- Ihre Kinder
- Weitere Verwandte
- Ihre Freunde oder Freunde Ihrer Eltern
- Nachbarn
- Mieter
- Vereinsmitglieder
- Gemeindemitglieder

Schauen Sie sich die Liste an und stellen Sie sich dann die nächste Fragen.

Wie ist das Verhältnis untereinander?

- Wer versteht sich gut mit wem?
- Wer kommt gar nicht miteinander zurecht?
- Wer hält sich aus allem raus?
- Wer fühlt sich für was verantwortlich?

Wer verfolgt welche Interessen – finanziell und emotional?

- Anerkennung von den Eltern oder Geschwistern wollen
- In das Haus der Eltern einziehen
- Die Eltern so schnell wie möglich ins Heim geben

- Die Eltern auf jeden Fall so lange wie möglich zu Hause pflegen
- So lange wie möglich als Mieter im Haus der Eltern wohnen
- Die gute Freundin so lange wie möglich in der Nähe wissen

Wie sind die Rollen verteilt?

- Wer hat was zu sagen?
- Auf wen hört die Mutter, der Vater?
- Wer ist ggf. das „Lieblingskind"?
- Wie ist die Geschwisterfolge?
- Wer glänzt durch Abwesenheit?
- Wer ist immer hilfsbereit?
- Welche Freundin ist der Mutter besonders wichtig?

Wenn Sie diese Punkte durchgegangen sind, haben Sie einen besseren Überblick über mögliche Unterstützer. Und Sie sind gut für die nächsten Schritte vorbereitet.

5 Vorbereitung – Welche Schritte sind jetzt dran?

Wenn die alten Eltern auf Unterstützung angewiesen sind, hat das Auswirkungen auf das gesamte Umfeld. Auf Ihre Eltern, auf Sie und Ihre Geschwister, aber auch auf weitere Verwandte, Nachbarn und Freunde. Das kann einen sehr schnell überfordern.

Wie gehen Sie am besten vor? Wo sollen Sie anfangen, was müssen Sie alles beachten und was kommt alles auf Sie zu?

In diesem Kapitel zeigen ich Ihnen, welche Schritte Sie unternehmen können, damit Sie wieder handlungsfähig werden und nicht das Gefühl haben, etwas Wichtiges zu vergessen.

Familienkonferenz

Um überhaupt einmal einen Überblick zu bekommen, was alles zu tun ist und wer alles unterstützen kann, empfehle ich Ihnen, eine Familienkonferenz abzuhalten.

Es ist für alle Beteiligten hilfreich, sich gemeinsam über die Wünsche, Bedürfnisse und Sorgen austauschen zu können. Im persönlichen Austausch geht das einfach besser. Es ist gut, erst einmal grundsätzlich herauszufinden, wer sich einbringen kann und will, wer wie viel Zeit, Geld und Geduld mitbringt.

Besonders wichtig wird dieses Treffen, wenn Sie sich bisher um den Großteil der Aufgaben gekümmert haben und sich mehr Unterstützung von den anderen wünschen.

Die Checkliste in Kapitel 3 hilft Ihnen dabei, die Bereiche konkret zu benennen.

Wer sollte mit dabei sein?

Machen Sie sich eine Liste aller Personen, die davon betroffen sind, wenn Ihre Eltern mehr Unterstützung benötigen, denen das Wohl Ihrer Eltern am Herzen liegt, die sich kümmern wollen oder die sich kümmern könnten.

Dazu gehört auf jeden Fall die engere Familie. Sie und Ihre Geschwister, vielleicht auch noch Ehepartner oder Lebenspartner.

Zusätzlich gibt es vielleicht noch Nichten, Neffen und weitere Verwandte, Freunde, Nachbarn oder Vereinskollegen.

Beim ersten Treffen sollten möglichst grundlegende Dinge besprochen werden, deshalb überlegen Sie, wer auf jeden Fall mit dabei sein soll.

Wichtig: Falls Ihr Bruder oder Ihre Schwester sich grundsätzlich aus dem Kümmern um die Eltern heraushalten, sollten Sie sie trotzdem dazu einladen und auch nachträglich über den Inhalt des Treffens informieren. Sonst heißt es später: „Mir hat ja keiner etwas gesagt, ihr trefft einfach ohne mich irgendwelche Entscheidungen. Ich bin dagegen." Mehr zum Geschwisterthema gibt es in Kapitel 6.3.

Und Ihre Eltern? Ich empfehle, dass bei diesem ersten Treffen Ihre Eltern nicht mit dabei sind. Es geht hier um eine erste ehrliche Bestandsaufnahme zwischen den möglichen Unterstützern und auch um eine realistische Einschätzung des elterlichen Hilfebedarfs. Das könnte Ihre Eltern überfordern und belasten: „Ich fühle mich ganz schlecht, wenn ich merke, dass ich euch so zur Last falle." Oder zu negativen Reaktionen führen: „Ihr denkt wohl, wir haben unser Leben nicht mehr im Griff. Von euch lassen wir uns gar nichts sagen."

Außerdem fällt es leichter, sich mal alle Sorgen und Befürchtungen von der Seele zu reden, ohne Angst zu haben, damit die Gefühle der Eltern zu verletzen.

Verabreden Sie sich deshalb so, dass Ihre Eltern nichts davon mitbekommen. Sie brauchen deshalb auch kein schlechtes Gewissen haben. Durch dieses Verhalten sorgen Sie dafür, dass das Gesicht Ihrer Eltern gewahrt wird.

Bei späteren Gesprächen sollten Ihre Eltern dann mit dabei sein und alle Entscheidungen, so weit wie möglich mit ihnen abgestimmt werden.

Wo sollten Sie sich treffen?

Am besten treffen Sie sich an einem neutralen Ort, an dem sich alle wohlfühlen und an dem Sie ungestört reden können. Planen Sie ausreichend Zeit ein. Wenn Sie alle weit entfernt voneinander wohnen, sind Familienfeste eine gute Gelegenheit, um sich zu treffen. Allerdings sollten Sie das Thema nicht während des Festes diskutieren, sondern sich entweder davor oder danach gesondert verabreden.

Wie sollte das Treffen ablaufen?

Ziel des Treffens sollte es sein, einen Überblick zu bekommen, wer sich in welchen Bereichen um die Eltern kümmern kann und bereit ist, es auch zu tun. Versuchen Sie, sich gegenseitig ernst zu nehmen und ausreden zu lassen.

Das Thema ist hoch emotional und es kann leicht passieren, dass Sie sich in gegenseitigen Vorwürfen oder Erwartungen verlieren. Machen Sie sich und allen Beteiligten immer wieder klar:

Sie haben ein gemeinsames Ziel für dieses Treffen. Sie wollen die Unterstützung Ihrer Eltern sicherstellen, und zwar so, dass es allen damit gutgeht.

Lassen Sie das als Leitstern über Ihrem Treffen stehen. Dann können Sie es auch leichter aushalten, wenn es sehr unterschiedliche Meinungen gibt, wie dieses Ziel erreicht werden kann.

Es gilt, ein gemeinsames und realistisches Verständnis für die aktuelle Situation und den Unterstützungsbedarf der Eltern zu bekommen.

Wundern Sie sich nicht, wenn sich die Einschätzung der anderen Beteiligten von den Ihren unterscheidet. Es ist ganz normal, dass sich Ihre Eltern unterschiedlich verhalten, je nachdem wer ihnen gerade gegenübersitzt. Nehmen Sie diese Schilderungen ernst. Vergleichen Sie sie mit Ihren Beobachtungen und formen daraus Ihr Gesamtbild.

Sonst landen Sie ganz schnell in einem Konkurrenzkampf. „Also bei mir trinkt Mutter immer ganz normal“, „Von wegen vergesslich – Vater konnte mir ganz genau erzählen, was es zum Mittagessen gab!“

Es gibt noch einen weiteren Grund für unterschiedliche Einschätzungen: Je häufiger Sie bei Ihren Eltern sind, umso weniger fallen Ihnen schleichende Veränderungen auf. Wenn jemand dagegen nur alle drei Monate bei ihnen ist, dann ist die Veränderung offensichtlicher. Auch hier gilt also – die Beobachtung erst mal annehmen und nicht herunterspielen oder abwerten. „Du übertreibst ja. So schlimm ist es doch nicht.“

Wie gelingt es Ihnen jetzt am besten, eine umfassende Situationsbetrachtung zu erreichen?

Die Aufgaben der Elternkümmerer

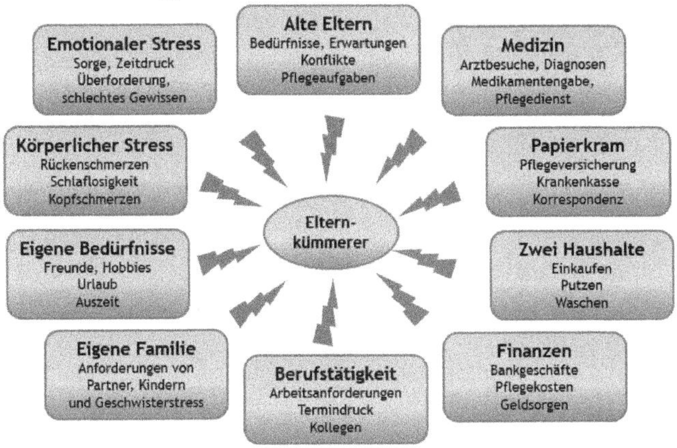

	Habe ich gut im Griff	Anstrengend, aber machbar	Stresst mich total
Alte Eltern			
Medizin			
Papierkram			
Zwei Haushalte			
Finanzen			
Berufstätigkeit			
Eigene Familie			
Eigene Bedürfnisse			
Körperlicher Stress			
Emotionaler Stress			

Abbildung 5: Situationsbestimmung für die Familienkonferenz

- Nutzen Sie für den Einstieg in die unterschiedlichen Aufgaben dieses Schaubild. Kopieren Sie es mehrmals und verteilen Sie es bei dem Treffen. Jeder Anwesende soll es für sich ausfüllen. Das wird sicherlich schon für einige Aha-Erlebnisse sorgen. Sprechen Sie darüber, was alles gut läuft und was sich ändern sollte.
- Anschließend gehen Sie jeden Punkt einzeln durch.
- Wer kümmert sich aktuell am meisten?
- Wer könnte etwas davon übernehmen?
- Welche Bereiche könnte man aufteilen?
- Wer ist damit überfordert?
- Wer könnte noch mehr unterstützen?
- Wer kann oder will gar nichts machen?
- Für welche Bereiche gibt es niemanden?
- Wer fühlt sich in welchen Bereichen besonders überlastet?

Mit diesen Erkenntnissen haben Sie eine gute Grundlage für die weitere Diskussion. Wenn allen Beteiligten bewusst wird, wie vielfältig die Aufgaben sind, ist die Bereitschaft größer, auch eine Aufgabe zu übernehmen. Und es können kreative Lösungen entstehen.

Bleiben Sie realistisch – es wird kaum möglich sein, eine exakt gleiche Aufteilung der Aufgaben zu erreichen. Das sollte auch gar nicht das Ziel sein. Wenn sich jeder einbringt mit dem, was er gut kann und wozu er oder sie aktuell in der Lage ist, dann ist das schon ein wichtiger Schritt.

Doch nur weil jemand weiter entfernt wohnt, sollte das allerdings kein Freifahrtschein sein. Vieles lässt sich telefonisch oder online regeln.

Achtung: Wenn Sie bisher den Hauptanteil übernommen haben, dann sind Sie so in Ihrem täglichen Tun und Kümmern gefangen, dass es Ihnen vielleicht schwerfällt, Unterstützung anzunehmen, selbst wenn sie Ihnen bei diesem Treffen angeboten wird. Achten Sie also unbedingt auf diese drei Fallen:

Die „Das-ist-ja-nicht-viel-Arbeit-Falle“

Sie lehnen ein Hilfsangebot ab, weil Sie meinen, dass das ja gar nicht so viel Entlastung bringt. Das machen Sie doch nebenbei auch noch. Zum Beispiel die Koordination der Arzttermine, Kleidung zur Reinigung bringen, an die Krankenkasse schreiben, Pakete von der Post abholen. Ja – alles für sich genommen sind das kleine Punkte. Doch sie summieren sich und irgendwann sind Sie so erschöpft, dass Ihnen alles zu viel wird, selbst der Anruf bei der Arztpraxis. Lassen Sie es nicht so weit kommen und sagen Sie „Ja!“ zu jedem Hilfsangebot.

Was steckt dahinter? Zu wenig Wertschätzung für die große Leistung, die Sie bringen. Das Gefühl, Ihre Geschwister nicht damit belasten zu wollen. Vielleicht haben Sie auch Angst, dass Ihnen vorgeworfen wird, nicht belastbar zu sein, oder sich auf dem Rücken der Geschwister auszuruhen ...“. Oder es ist einfach etwas, was Sie gut können und deshalb tun.

Die „Ich-weiß-am-besten-was-gut-für-unsere-Eltern-ist-Falle“

Herzlichen Glückwunsch. Mit dieser Einstellung können Sie eigentlich alle Aufgaben an sich reißen. Fragen Sie sich: „Ist es wirklich wahr, dass nur ich weiß, welche Erdbeermarmelade oder welches Klopapier meine Mutter benutzt?“ Und wenn die Antwort ja ist, dann fragen Sie sich: „Ist das wirklich so wichtig? Was passiert, wenn es nicht exakt so gemacht wird?“

Was steckt dahinter? Perfektionismus und der Anspruch, alles genau richtig machen zu wollen. Der Wunsch nach Anerkennung durch die Eltern, die Geschwister und das Umfeld. Der Wunsch gelobt zu werden, wie toll man etwas macht. Der Wunsch, das Lieblingskind der Eltern zu sein – vielleicht sogar zum ersten Mal im Leben.

Die „Bis-ich-das-alles-erklärt-habe-mache-ich-es-lieber-selber-Falle“

Neben vielen anderen Aufgaben für Ihre Eltern kümmern Sie sich zum Beispiel auch noch um die komplette Abwicklung mit Krankenkasse, Pflegekasse und Medizinischem Dienst. Irgendwie schaffen Sie das zwar alles, doch Sie merken, dass es an Ihren Kräften zehrt und zu viel wird. Sie scheuen sich vor dem Aufwand der Übergabe, den vielen Erklärungen und Hintergrundinformationen.

Was steckt dahinter? Das Hauptproblem: Sie sind einfach gut, in dem was Sie machen. Das Gemeine daran: Sie haben sich in dieses komplexe Themengebiet eingearbeitet und es gibt gewachsene Strukturen. Sie kennen alle Tipps und Tricks, um zum Ziel zu kommen. Und gerade weil Sie sich so gut damit auskennen, wissen Sie um den Aufwand einer Übergabe an jemand anderen.

Bedenken Sie – je länger Sie sich um diesen Bereich kümmern, umso aufwendiger wird es, diese Aufgabe abzugeben. Und gleichzeitig umso ablehnender werden die anderen reagieren: „Puh, ich weiß ja gar nicht, was da alles zu tun ist und wen ich ansprechen soll.“ Das führt dann im Zweifelsfall dazu, dass von Ihnen gefordert wird, alle notwendigen Stellen über den neuen Ansprechpartner zu informieren, inklusive kompletter Einarbeitung und ordentlicher Dokumentenübergabe der letzten 5 Jahre.

Also – je eher Sie diese Aufgabe abgeben können, umso besser. Und Sie dürfen darauf vertrauen, dass der oder die andere auch zum Ziel kommt. Nicht genauso wie Sie. Vielleicht nicht so elegant oder vielleicht sogar noch besser? Doch das ist dann nicht mehr Ihre Verantwortung.

Stellen Sie sich einfach das gute Gefühl vor, wenn Sie den kompletten Krankenkassenordner an jemand anderen übergeben!

Und denken Sie dran: Nicht alles, was Sie gut können, müssen Sie auch machen!

Falls sich nach allen Diskussionen herausstellt, dass aktuell ein Großteil der Aufgaben bei einer Person bleiben wird, dann sollten alle Beteiligten überlegen, welchen Ausgleich diese Person dafür erhalten soll. Einen monatlichen Geldbetrag, eine komplett freie Woche pro Quartal, regelmäßige freie Wochenenden oder andere kreative Modelle. Außerdem ist es wichtig, die Leistung wirklich anzuerkennen.

Nächste Schritte vereinbaren

Wenn das alles klar ist, überlegen Sie, wer das Gespräch mit den Eltern suchen soll.

Wenn Sie Geschwister haben, dann überlegen Sie sich, ob es einen von ihnen gibt, auf den Ihr Vater oder Ihre Mutter besonders hört. Für unterschiedliche Bereiche hatten Ihre Eltern vielleicht schon immer unterschiedliche Kinder als Ansprechpartner. Die eine Tochter wird bei allen Fragen zu Finanzen und Papierkram um Rat gefragt, die andere eher bei praktischen Aufgaben im Haushalt, die dritte eher bei emotionalen Themen. Gesundheitliche Probleme werden auch oft nur einem Kind erzählt, beim anderen reißt man sich zusammen. Und manchmal schütten die Eltern ihr Herz lieber bei den Schwiegerkindern aus. „Ich will das meinen Kindern nicht zumuten. Sie machen sich dann gleich wieder Sorgen." Wenn Ihnen diese Dynamik bewusst ist, dann können Sie die Themen entsprechend unter den Beteiligten aufteilen. Wichtig ist es, sich gegenseitig drüber zu informieren.

Grundsätzlich sollten Sie sich klar darüber sein, dass Sie nichts über die Köpfe Ihrer Eltern hinweg entscheiden dürfen. Das führt nur zu Stress und kann bis zum Zerwürfnis führen.

Im Anhang und unter www.reinhardt-verlag.de finden Sie Tipps für eine erfolgreiche Familienkonferenz auch als Checkliste.

Das gemeinsame Gespräch mit den Eltern führen

Wenn Sie sich über die nächsten Schritte im Klaren sind, dann müssen Sie *nur* noch mit Ihren Eltern reden, oder? Nun, wenn das so einfach wäre!

Sehr wahrscheinlich haben sich Ihre Eltern selbst auch schon gefragt, wie sie es schaffen können, weiterhin gut für sich zu sorgen und unabhängig zu bleiben. Und was passiert, wenn sie das nicht mehr können. Die Angst und die Scham sind dabei groß, irgendwann zum alten Eisen zu gehören.

Machen Sie sich bewusst, dass das Thema mit Ihren Eltern ein Prozess ist, der sich über einige Zeit hinziehen kann und der viele Gespräche benötigen wird.

Niemand lässt sich gerne sagen, dass er auf Hilfe angewiesen ist – da sind Ihre Eltern keine Ausnahme. Also bitte keinen Frontalangriff: „Mutter, wir müssen reden. Du kommst alleine nicht mehr klar! Wir haben uns da mal was überlegt." Das ist kein guter Weg.

Machen Sie sich auch klar, dass die Änderungen teilweise gravierende Auswirkungen haben können und Angst machen. Wo ein Leben lang die Devise galt: „Bei uns kommen keine Fremden ins Haus", ist es ein riesiger Einschnitt, auf einmal einen Pflegedienst im Haus zu akzeptieren.

Auch die Konfrontation mit dem Rückgang der eigenen Fähigkeiten kann heftig sein. Denn viele wollen da noch nicht genau hinschauen und verdrängen, dass vieles nicht mehr so gut geht. „Da kümmer ich mich irgendwann mal drum, wenn ich mal nicht mehr kann. Aber jetzt bin ich noch fit und kann alles."

Versetzen Sie sich einmal in die Lage Ihrer Eltern. Ihr Leben lang waren sie in der Lage, selbst für sich zu sorgen. Auch wenn sie es nicht zugeben wollen (manchmal nicht mal vor sich selbst), merken sie allmählich, dass es in vielen Bereichen nicht mehr so gut geht. Sie haben Angst davor, ihre Unabhängigkeit zu verlieren, Angst davor, von anderen abhängig zu sein und machen sich Sorgen, wie lange sie noch in der Lage sind, selbst für sich zu sorgen. Hinzu kommt, dass sich Ihre Eltern noch nie etwas von ihren Kindern haben sagen lassen. Wenn Sie also mit der großen Besserwisserkeule kommen, dann ist die Reaktion verständlicherweise: „Von dir lasse ich mir gar nichts sagen!"

Deshalb ist es so wichtig, dass Sie Ihre Eltern in Ihre Überlegungen so viel wie möglich mit einbeziehen. Und dass Sie herausfinden, was die Wünsche und Vorstellungen Ihrer Eltern sind (ob Sie diese dann auch genauso erfüllen können und wollen, ist dann noch ein anderes Thema). Wenn es Ihnen gelingt, mit Ihren Eltern auf Augenhöhe zu reden, dann haben Sie schon viel gewonnen.

Grundsätzlich werden Ihre Eltern nicht jubeln und sich freuen, dass Sie endlich das Thema ansprechen. Und es wird einige Gespräche benötigen.

Bleiben Sie geduldig, sprechen Sie das Thema immer wieder mal in unterschiedlichen Situationen an. Je beiläufiger, desto besser. Bereiten Sie so langsam den Boden für zukünftige Gespräche vor. Hier sind einige **Anregungen für passende Situationen und Gesprächseinstiege**:

- „Ich finde es toll, wie du es schaffst, so ganz alleine im Haus zurechtzukommen. Gibt es irgendetwas, bei dem ich dich unterstützen könnte?
- Im Fernsehen läuft eine Sendung zum Leben im Alter. „Wir haben da noch nie drüber geredet. Habt ihr euch eigentlich überlegt, was ihr machen wollt, wenn ihr nicht mehr alleine wohnen könnt?

- Die Nachbarin kann sich nicht mehr komplett alleine um sich kümmern und wird seit einiger Zeit von einem Pflegedienst betreut. „Wie schön, dass eure Nachbarin weiterhin zu Hause wohnen kann und von einem Pflegedienst versorgt wird. Könntet ihr euch das auch vorstellen?"
- Eine Freundin Ihrer Eltern hat lange in einer Wohnung ohne Aufzug gewohnt. Sie konnte wegen ihrer Knieprobleme das Haus nicht mehr verlassen und ist jetzt ins Betreute Wohnen gezogen. „Wie schön, dass es ihr dort gut geht. Sie freut sich, dass sie jetzt wieder mehr Kontakt hat und unter Leuten ist. Auch wenn es ein schwerer Schritt war, sie hat es nicht bereut, dass sie dort hingezogen ist. Würde das auch für euch in Frage kommen?"

Solange sich die Situation nicht zuspitzt, sollten Sie viel Geduld haben, dranbleiben und von sich aus mit kleinen Hilfen im Alltag beginnen.

Machen Sie es Ihren Eltern so leicht wie möglich, Ihre Hilfe anzunehmen! Das zieht sich durch alle Bereiche. Wenn Sie es schaffen, das Gesicht Ihrer Eltern zu wahren, profitieren Sie alle davon. Z. B. „Ich muss morgen Getränke kaufen, soll ich dir welche mitbringen? Ich habe gerade Altglas im Auto, soll ich deines grad mitnehmen? Ich muss schon wieder auf Toilette – kommst du grad mit?" Statt: „Du weißt doch, dass du nicht so lange einhalten kannst, also geh jetzt mal aufs Klo."

Halten Sie Augen und Ohren offen. Starten Sie mit Dingen im Haus, von denen Sie wissen, dass Ihre Eltern das sowieso nicht so mögen. Zum Beispiel die Wasserkästen in den Keller bringen, die Hecke schneiden, Altglas wegbringen.

Die Lieblingsbereiche lassen Sie erst mal außen vor. Das kann sonst schnell stressig werden, wenn Sie Ihrer immer gastfreundlichen Mutter sagen, dass sie ab jetzt nicht mehr kochen soll und Sie sich um alles kümmern. Denn das würde sie als Eingriff in ihre Selbstständigkeit sehen.

Vorsorgevollmacht und Patientenverfügung

Wer kümmert sich um Ihre persönlichen und geschäftlichen Angelegenheiten, wenn Sie es selbst nicht mehr können? In der Vorsorgevollmacht bevollmächtigen Sie eine oder mehrere Personen, Sie in allen Angelegenheiten gegenüber Ärzten und Behörden zu vertreten und insbesondere Ihre Wünsche aus der Patientenverfügung durchzusetzen.

Welche medizinischen Behandlungen wünschen Sie und welche lehnen Sie ab, wenn Sie selbst nicht mehr in der Lage sind, Ihre Wünsche mitzuteilen? In einer Patientenverfügung können Sie das festlegen.

Abbildung 6: Vorsorgeverfügung

Kennen Sie die Wünsche Ihrer Eltern, wenn es um deren letzte Lebensphase geht? Wollen sie so lange wie möglich zu Hause wohnen bleiben, auch mit Versorgung durch einen Pflegedienst oder eine Pflegekraft, die dort wohnt? Oder wollen sie lieber in ein Betreutes Wohnen ziehen, weil das große Wohnhaus sie überfordert?

Wer soll ihre Wünsche und Forderungen durchsetzen, wer soll sich um die Geschäfte kümmern, wenn sie selber es nicht mehr können? Lehnen sie lebensverlängernde Maßnahmen ab, wollen sie schmerzstillende Medikamente, auch wenn das die Lebenszeit verkürzen könnte? Möchten sie ihre Organe spenden? Und wie und wo soll das Begräbnis stattfinden?

Die Antworten auf diese Fragen können Sie mit Ihren Eltern in einer Vorsorgevollmacht und einer Patientenverfügung festlegen und regeln. Doch es geht dabei um weitaus mehr als nur um das Abhaken einer Checkliste oder das lästige Ausfüllen einiger Formulare, so wie bei der jährlichen Steuererklärung. Es geht um ganz elementare Themen und Fragen, die Sie sich vielleicht noch nie so bewusst gestellt haben.

Oft sitzen da Gedanken im Hinterkopf, die einem zuflüstern: „Ich weiß gar nicht, was meine Eltern sich wünschen. Ich wollte mich doch schon längst mal darum kümmern. Aber wie spreche ich das Thema bei meinen Eltern an? Was ist der richtige Zeitpunkt? Denken sie, ich halte sie für nicht mehr zurechnungsfähig? Ich will sie ja nicht aufregen. Ich will mir einfach nicht vorstellen, dass meine Eltern irgendwann einmal nicht mehr da sind."

Ich kann Sie beruhigen – Sie sind damit nicht allein. Obwohl es vernünftige Argumente gibt, sich damit zu befassen, welche Wünsche man für die letzte Phase seines Lebens hat, scheuen viele Menschen davor zurück. Kein Wunder – denn, wie es einer meiner Klienten einmal formulierte – es geht hierbei um 1 Prozent Information und 99 Prozent Emotion.

Wie sprechen Sie dieses Thema am besten an?
Auch hier hilft wieder Klarheit. Wenn Sie für sich erstmal klar sind, was Sie möchten, dann können Sie das auch viel überzeugender rüberbringen. Nehmen Sie sich genügend Zeit und nutzen Sie am besten einen aktuellen Fall als Gesprächseinstieg:

- Eine Verwandte liegt nach einem Schlaganfall mit künstlicher Beatmung im Koma und die Ärzte wollen sogar noch weitere Operationen durchführen. Sie hatte solche Maßnahmen immer abgelehnt, doch das nie in einer Patientenverfügung und Vorsorgevollmacht schriftlich festgelegt. Jetzt ist es dafür zu spät. „Wie sieht das eigentlich bei euch aus? Habt ihr euch schon einmal darüber Gedanken gemacht?"
- Bei der Diskussion über Organspenden. „Ich habe jetzt meinen Organspendeausweis ausgefüllt. Habt Ihr das auch schon gemacht? Wie ist da eigentlich eure Meinung dazu?"
- Sie können auch mit gutem Beispiel vorangehen, die Dokumente für sich ausfüllen und das dann Ihren Eltern erzählen. „Du, ich habe mich jetzt mal um meine Vorsorgevollmacht gekümmert."
- Wenn Ihre Eltern von einer Beerdigung im Bekanntenkreis erzählen. „Du, ich weiß gar nicht, wo und wie Ihr eigentlich beerdigt werden wollt?"
- Wenn Ihren Eltern ein Krankenhausaufenthalt bevorsteht.
- Sie können auch Dritte bitten, das Thema anzusprechen, z.B. Pfarrer, Hausarzt, Nachbarn.

Es kann durchaus sein, dass Ihre Eltern darauf erst einmal ablehnend oder aufbrausend reagieren.

- Du willst mich wohl unter die Erde bringen?
- Willst du mich entmündigen?!

- So weit ist es bei mir noch nicht, das hat noch Zeit.
- Da kümmern sich dann die Ärzte drum.

Ein Argument, das Sie Ihren Eltern dann mitgeben können: „Es geht hier nicht nur um dich. Sondern es geht auch darum, dass ich mit gutem Gewissen so handeln kann, wie du es möchtest."

Manchmal sind die Eltern auch sehr froh, dass sie das Thema nicht von sich aus ansprechen müssen. Sie haben sich nicht getraut, weil sie Ihnen damit nicht zur Last fallen wollten.

Also auch wenn es beim ersten Anlauf nicht klappt, lassen Sie sich nicht entmutigen und bleiben Sie immer wieder dran. Meine Erfahrung hat gezeigt, dass durch die gemeinsame Auseinandersetzung mit diesem Thema eine ganz neue Qualität in der Beziehung zwischen Eltern und Kindern erreicht wird. Die Kinder beginnen oft zum ersten Mal damit, auch Verantwortung für die Eltern zu übernehmen. Eine manchmal noch ungewohnte Rolle, die aber zu mehr Nähe und gegenseitigem Respekt führen kann.

Das gemeinsame Gespräch über die Wünsche und Vorstellungen für die letzte Phase ihres Lebens führt zu einer Erleichterung auf beiden Seiten. Das gute Gefühl, diese Wünsche schriftlich festgelegt zu haben, ist für beide Seiten ein Gewinn. Für die Eltern, weil sie wissen, was für sie entschieden wird. Und für die Kinder, weil sie wissen, wie sie im Sinne ihrer Eltern handeln sollen, wenn diese nicht mehr in der Lage sind, ihre Bedürfnisse zu äußern.

Und wenn man sich grundsätzlich im Klaren darüber ist, dann fällt das Ausfüllen von Vorsorgevollmacht und Patientenverfügung auch nicht mehr schwer.

Im Buch „Meine Lebensverfügung für ein gepflegtes Alter" von Erich Schützendorf (Ernst Reinhardt Verlag 2017) finden Sie wertvolle weitergehende Anregungen zum Thema.

Tipps zum Ausfüllen

- Ein Vordruck hilft dabei, eine sachliche Atmosphäre zu wahren.
- Füllen Sie erst die Vorsorgevollmacht aus und dann die Patientenverfügung.
- Wichtig ist, dass der Bevollmächtigte dabei ist.
- Wenn es mehrere Angehörige gibt, sollten die mit dabei sein, oder zeitnah darüber informiert werden, damit sich alle über die Wünsche einig sind.
- Wenn Sie gerade dabei sind, ist es gut, wenn alle Anwesenden die Vorsorgedokumente ausfüllen.

Ich empfehle die Broschüre „Vorsorge für Unfall, Krankheit und Alter" (C.H. Beck 2019). Sie wird regelmäßig aktualisiert und auch von vielen Ärzten und Krankenhäusern empfohlen.

Lassen Sie die Unterschrift auf den Dokumenten beim Ortsgericht beglaubigen.

Was Sie noch klären sollten: Wo sind die Dokumente hinterlegt? Wer ist bevollmächtigt? Gibt es ein Testament, wo liegt es, wer ist der Notar? Achtung: Für die Bankkonten müssen die Vollmachtsformulare der Banken ausgefüllt werden. Achten Sie darauf, dass die Vollmacht „über den Tod hinaus" gilt.

> Wenn es um Immobilienbesitz geht, sollten Sie einen Notar hinzuziehen. Für den Verkauf oder das Beleihen von Immobilien gelten besondere Vorschriften. Sonst kann es Ihnen passieren, dass Sie trotz Vollmacht das Haus Ihrer Eltern nicht so einfach verkaufen können. Oft ist es ja der Plan, mit dem Erlös des Verkaufs die Pflegeheimkosten zu bezahlen.

Finanzielle Situation der Eltern

Kennen Sie die finanzielle Situation Ihrer Eltern? Über Geld wird ja oft nicht geredet, aber es ist hilfreich, dass Sie sich ein Bild davon machen. Denn die Pflege kostet Geld.

Wenn Ihre Eltern Unterstützung im Alltag benötigen, scheuen Sie sich bitte nicht, einen Pflegegrad zu beantragen. Oft lehnen auch die Eltern einen Pflegegradantrag ab. Es sind ganz verständliche Befürchtungen aus Scham und Stolz. „Ich komme doch noch gut alleine zurecht". Wenn es dann amtlich ist, dass ich einen Pflegegrad habe, dann gehöre ich zum alten Eisen und es geht bergab. Außerdem war ich noch nie auf Unterstützung vom Amt angewiesen." Versuchen Sie, Ihren Eltern klarzumachen, dass es hier um Leistungen geht, für die sie jahrelang Beiträge gezahlt haben und die ihnen zustehen. Und außerdem ist das Geld ja für die pflegende Person gedacht. Auch die Kosten für teure Hilfsmittel oder barrierefreie Umbauten, wie Pflegebett, Rollator oder Rollstuhl sind damit zumindest teilweise abgedeckt.

Wenn Ihre Eltern das zulassen, gehen sie gemeinsam deren finanzielle Situation durch. Schauen Sie, ob Sie für alle Konten eine Vollmacht haben, am besten auch für das Onlinebanking.

Auch wenn eine Vorsorgevollmacht vorliegt, akzeptieren die Banken sehr oft nur ihre eigenen Vollmachtsformulare. Wenn Sie das abklären, sind Sie auf der sicheren Seite.

Wohnsituation der Eltern altersgerecht gestalten

Was können Sie tun, damit Ihre Eltern so lange wie möglich in ihren eigenen vier Wänden bleiben können? Machen Sie eine Bestandsaufnahme und schauen Sie sich in der Wohnung Ihrer Eltern einmal mit einem frischen Blick um.

Vieles schaut sich im Laufe der Zeit weg und es fällt einem gar nicht mehr auf, welche Stolperfallen oder mögliche Verletzungsrisiken sich im Haus angesammelt haben. Gehen Sie doch mal auf Fotosafari im Elternhaus – ganz nebenbei sammeln Sie dadurch auch zukünftige Erinnerungen, abseits von den ewig gleich aussehenden Familienfeierfotos.

Der Blick durch die Kamera oder das Smartphone hilft Ihnen dabei, einmal ganz neutral hinzuschauen. Auch hier gilt: Bitte nicht als Überfallkommando bei Ihren Eltern einfallen, sondern planen Sie das möglichst dann ein, wenn Sie ungestört oder Ihre Eltern abgelenkt sind.

Alle folgenden Tipps und Maßnahmen sollten Sie gemeinsam mit Ihren Eltern besprechen und nicht erwarten, dass sie alle sofort begrüßt werden. Auch hier gilt es wieder, Schritt für Schritt vorzugehen. Falls Ihre Eltern nicht mehr in der Lage sein sollten, die Tragweite einzuschätzen, dann überlegen Sie, wie Sie die Änderungen so gesichtswahrend wie möglich durchführen.

Oft werden die Hilfsmittel am Anfang abgelehnt und mit der Zeit dann doch gerne genutzt.

Die beste Vorsorgemaßnahme, damit Ihre Eltern möglichst lange alleine leben können, ist das Minimieren von Sturzrisiken. Doch Achtung: Aus Unwissenheit und Überängstlichkeit sagen viele Kinder ihren Eltern: „Geh nicht mehr in den Keller, das ist zu gefährlich! Fall bloß nicht hin! Warte, ich hole dir die Sachen vom Dachboden."

Doch bedenken Sie: Auch wenn das Treppensteigen für Ihre Eltern anstrengender ist als früher, es hält sie fit und beweglich. Und das ist die beste Prophylaxe.

Doch natürlich ist es gut, wenn Sie dafür sorgen, die Treppen und das andere Umfeld so sicher wie möglich zu machen.

Das können Sie tun:

- Achten Sie bei den Treppen darauf, dass es durchgehende Handläufe gibt.
- Sorgen Sie überall für eine gute Beleuchtung und gut erreichbare Lichtschalter. Vielleicht auch zusätzlich mit automatischem Bewegungsmelderlicht.
- Im Badezimmer können Sie vieles optimieren. Bewegungsnachtlicht, ein Handgriff neben oder gegenüber der Toilette, die Badewanne sollte rutschfeste Einlagen haben, evtl. eine Auflage auf der Badewanne, um sich darauf zu setzen, ein Duschhocker oder ein Handgriff in der Dusche.
- Zum einfacheren Aufstehen gibt es verschiedene Möglichkeiten: das Sofa mit Holzuntersetzern erhöhen, ein Sessel mit extra festem Sitzkissen und fester Armlehne oder ein Sessel mit automatischer Aufrichthilfe.
- Achten Sie darauf, dass auf dem Boden nichts herumliegt, keine verschlungenen Steckdosenverbindungen oder andere Kabel, Kisten, Stapel mit Zeitungen, etc. Mit Teppichen ist es so eine Sache, gerade für Menschen, die nicht mehr so gut sehen, geben sie Orientierung. Und wenn seit 30 Jahren im Flur ein Läufer liegt, dann muss der nicht unbedingt entfernt werden. Sie können aber dafür sorgen, dass er nicht rutschig ist und an den Ecken hochsteht.

- Gerade nachts ist es wichtig, den Weg zur Toilette möglichst freizuhalten. Ein Bewegungsnachtlicht gibt Sicherheit auf dem Weg und wird oft sehr dankbar angenommen.
- Überprüfen Sie, ob alle elektrischen Geräte noch gut funktionieren. Manchmal finden sich abenteuerliche Kabelverbindungen mit Tesafilm oder ähnlichem!
- Versuchen Sie, die wichtigsten Alltagsgegenstände in eine gut erreichbare Höhe zu platzieren. So gelingt es Ihnen, dass Ihre Eltern keine Trittleitern mehr benutzen oder sich ständig tief bücken müssen.
- Trittleitern hingegen sind wirklich gefährlich.

Falls Sie noch weitere Ideen benötigen, informieren Sie sich in einem Sanitätshaus, dort finden Sie eine große Auswahl an Hilfsmitteln.

Entscheiden Sie nie über den Kopf Ihrer Eltern hinweg! Weder beim Aufräumen noch beim Ausmisten! Mit kleinen Schritten und Geduld kommen Sie viel besser ans Ziel.

In Verbindung bleiben, Kommunikationswege

Es ist für Ihre Eltern sehr wichtig, dass sie im Kontakt mit Familie, Freunden und Nachbarn bleiben können. Dass sie so viel wie möglich am Leben teilhaben können und dass sie im Notfall Hilfe holen können.

Isolation und Einsamkeit können zu Altersdepression führen und den Allgemeinzustand verschlechtern.

Wenn Sie und Ihre Eltern wissen, wie Sie sich im Notfall erreichen können, dann bringt das eine große Entspannung für beide Seiten. Stellen Sie sicher, dass Ihre Eltern alle wichtigen Telefonnummern parat haben. Am besten an einem festgelegten Platz, zum Beispiel direkt neben dem Basisgerät vom Telefon oder an dem Platz, an dem Ihre Eltern am meisten telefonieren. Programmieren Sie die wichtigsten Nummern als Kurzwahl im Telefon ein und machen Sie mehrere Probedurchgänge, bis sich Ihre Eltern sicher im Umgang damit fühlen.

Ein Hausnotruf gibt zusätzlich Sicherheit. Gerade dann, wenn Sie nicht direkt in der Nähe wohnen. Wie funktioniert das? Sie schließen einen Vertrag mit einem Anbieter für den Hausnotruf ab. Beim Anbieter werden auch die Wohnungsschlüssel hinterlegt. Ihre Eltern bekommen einen wasserdichten Notrufknopf, der entweder am Handgelenk oder um den Hals getragen wird. In der Wohnung wird eine Hausnotrufstation installiert, ähnlich wie ein Anrufbeantworter.

Sobald der Knopf gedrückt wird, geht das Signal an die Hausnotrufstelle und es meldet sich über den Lautsprecher ein Mitarbeiter und fragt nach, ob alles in Ordnung ist. Dann kann man sagen, was passiert ist und dass man Hilfe benötig, oder auch Entwarnung geben, weil man aus Versehen darauf gedrückt hat. Wenn es keine Antwort gibt, wird der Einsatzdienst aktiviert, der in die Wohnung kommt, sich vor Ort ein Bild macht und weitere Schritte einleitet.

Wichtig: Das klappt nur, wenn Ihre Eltern diesen Hausnotrufknopf auch akzeptieren. Machen Sie Ihren Eltern klar, dass es für Sicherheit sorgt, wenn sie zum Beispiel hinfallen und nicht mehr alleine aufstehen können. Und dass sie damit wirklich jederzeit um Hilfe rufen können, auch nachts! Ich kenne einen Fall, bei dem die Mutter nachts hingefallen war und bis zum Morgen gewartet hat, weil sie die Hilfskräfte nicht aufwecken wollte … Die Anschaffung sollte gemeinsam erfolgen. Denn es bringt nichts, wenn der Notrufknopf nur im Nachttisch liegt und Ihre Eltern ihn nur umlegen, wenn Sie bei Ihnen sind.

Ein weiterer wichtiger Punkt für eine gute Kommunikation untereinander ist der Umgang mit den elektronischen Medien. Je eher Sie Ihren Eltern den Umgang damit nahebringen, desto entspannter kann es für das Miteinander sein.

Überfordern Sie Ihre Eltern nicht, sondern finden Sie heraus, was Ihre Eltern besonders interessiert.

Findet Ihre Mutter es toll, sich die Fotos der Enkel anzuschauen oder zu sehen, wo in der Welt Sie gerade sind? Dann fokussieren Sie sich zuerst einmal nur auf die Nutzung von WhatsApp auf dem Smartphone. Machen Sie ihr Appetit und zeigen Sie ihr öfters Bilder aus Ihrem Leben. Dann können Sie irgendwann fragen, möchtest du nicht auch gerne von mir Bilder bekommen, wenn ich unterwegs bin?

Kaufen Sie ihr ein einfaches Smartphone mit einem günstigen Onlinetarif. Löschen Sie alle vorinstallierten Apps und lassen Sie nur WhatsApp darauf. Erklären Sie Ihrer Mutter dann nur diese eine Funktion. Falls sie damit nicht telefonieren möchte, sondern das lieber weiterhin mit ihrem Tastenhandy macht, warum nicht. Aus eigener Erfahrung kann ich sagen, dass sich diese Investition wirklich gelohnt hat. Meine Mutter ist mittlerweile die Königin der Emojis.

Wenn Ihr Vater gerne Nachrichten aus aller Welt zu einem bestimmten Thema schaut, dann ist für ihn vielleicht ein Tablet interessant, auf dem Sie auch nur so wenige Apps wie möglich installieren.

Spätestens wenn von den beiden dann die Frage kommt: „Du sag mal, kann ich mit meinem Gerät auch meine E-Mails lesen?" – dann wissen Sie, dass Sie alles richtig gemacht haben.

Die Bundesarbeitsgemeinschaft der Seniorenorganisationen (BAGSO) bietet einen hilfreichen Wegweiser durch die Digitale Welt und einen Wissenstest für Senioren an. https://www.bagso.de/publikationen/ratgeber/wegweiser-durch-die-digitale-welt/, 27.03.2020

Regelmäßige Kommunikation

Fühlen Sie sich verpflichtet, ständig bei Ihren Eltern anzurufen? Aus meiner Erfahrung kann ich Ihnen sagen, es ist wichtiger, wenn Sie einmal pro Woche zu einer festen Zeit anrufen als unregelmäßig mehrmals unter der Woche.

Probieren Sie das doch einmal aus. Ihre Eltern können sich darauf freuen und das Telefonat fest in ihre Woche einplanen. Sie wahren ihre Zeithoheit und sind nicht ständig in der Angst, einen Anruf zu verpassen. Diese Verbindlichkeit gibt Struktur und Sicherheit. Zusätzlich können Ihre Eltern dann auch voller Freude und Stolz anderen davon erzählen: „Jeden Freitagabend ruft mich meine Tochter an und wir erzählen uns, wie die Woche war."

Und noch etwas – es geht bei diesen Gesprächen ganz oft gar nicht um den Inhalt. Sondern um das Gefühl der Verbindung, das Wissen, da ist jemand, der sich um mich kümmert, der für mich da ist. Mit diesem Wissen können Sie gelassener reagieren, wenn es zum wiederholten Mal um die *„hochinteressante"* Geschichte der Schwester einer Cousine der Nachbarin geht.

BEISPIEL

Eva S. hat für sich folgende Lösung gefunden: „Ich rufe meine Mutter jeden Morgen für 15 Minuten an, bevor ich zur Arbeit gehe. Für mich hat das den Vorteil, dass ich dann weiß, wie es ihr geht, ob sie aufgestanden ist und – wenn sie nicht ans Telefon geht, dass ich die Nachbarin anrufen kann, damit diese nach ihr sieht. Die Vereinbarung mit der Nachbarin ist außerdem, dass sie mich anruft, wenn die Rollläden bis 9 Uhr noch unten sind. Meine Mutter erzählt mir dann, was sie an dem Tag alles vorhat. Da sie mittlerweile sehr vergesslich ist, fällt es ihr leichter davon zu erzählen, als mir abends zu berichten, was sie tagsüber gemacht hat. Das entspannt sie sehr. Außerdem ist sie morgens generell fitter. Ich höre einfach zu und kann dann um 9 Uhr sagen, du weißt ja, ich muss zur Arbeit. Das ist ein Grund, den sie akzeptiert."

Auch hier zeigt sich die Macht der Sachzwänge. Es wird von Ihren Eltern leichter akzeptiert, wenn Sie sagen: „Du, ich muss jetzt ins Büro“, als „Du, ich treffe mich jetzt mit Freundinnen zum Yoga oder „ich möchte jetzt gerne mit meiner Katze auf dem Sofa liegen.“

Gemeinsame Erinnerungen

Wissen Sie noch, wie Ihre Grundschule aussah? Was Sie im Pausenhof gespielt haben? „Gummitwist“, Seilspringen oder „Ochs am Berge“? Was war Ihre Lieblingsserie im Fernsehen? Die Waltons, Bonanza oder Lassie? Und was war im Fragezeichen von „Am laufenden Band“?

Wie hieß Ihre Lieblingsband und welche Poster hingen in Ihrem Jugendzimmer? Was war Ihr Lieblingsessen und was gab es immer zum Geburtstag, welchen Duft verbinden Sie mit Ihrer Kindheit? Und wie war das mit dem ersten Kuss?

Vielleicht sind in Ihnen jetzt gerade Erinnerungen aufgetaucht, die Ihnen ein Lächeln auf die Lippen zaubern, die Sie wehmütig oder freudig fühlen lassen. Wir alle tragen diese Erinnerungsschätze in uns, auch wenn wir schon lange nicht mehr daran gedacht haben. Manchmal reicht nur ein Stichwort und wir fühlen uns wieder wie früher. Die Emotionen und das Erlebte sind wieder ganz präsent.

Genau das ist der Grund, warum es so schön ist, gemeinsam mit den Eltern auf Erinnerungsreise zu gehen. Was wissen Sie von der Zeit Ihrer Eltern, bevor Sie auf die Welt kamen? Von ihren Erlebnissen, der Schule, der ersten Liebe?

Gemeinsam auf diese Reise zu gehen, hat viele positive Nebenwirkungen.

Sie kommen mit Ihren Eltern auf einer anderen Ebene ins Gespräch. Es geht dann nicht mehr um den fast immer gleichen Alltag und Geschichten von Nachbarn, die Sie nun wirklich nicht interessieren. Sondern Sie entdecken vielleicht etwas Neues über Ihre Mutter, Ihren Vater oder auch sich selbst. Sich über Erinnerungen auszutauschen fühlt sich für beide

Seiten gut an. Gerade wenn das Kurzzeitgedächtnis nachlässt, ist es sehr beruhigend für Ihre Eltern, wenn Sie sich noch an Früher erinnern können.

Sie können Ihren Eltern dadurch ein gutes Gefühl geben. Wer sich erinnert, der fühlt sich als ein Mensch mit einem gelebten Leben und konzentriert sich nicht nur auf das tägliche Einerlei, den Alltag des Alters. Das gemeinsame Eintauchen in positive Erinnerungen sorgt für eine behagliche Atmosphäre und kann auch stressige Situationen entspannen.

Forscher in der eigenen Geschichte sein

Doch wie kommt man an die schönen Erinnerungen der Jugend und Kindheit? Oft höre ich in meinen Beratungen: „Meine Mutter erzählt immer wieder die gleichen Geschichten von früher. Ich kann es nicht mehr hören!" Das kann ich sehr gut verstehen. Und es ist wichtig, sich nicht in dieser Monotonie zu verlieren.

Gehen Sie einmal anders und mit einem gewissen Forschergeist an diese Geschichten heran. Fragen Sie nach Details: Wer war denn noch mit dabei? Mit welchem Auto wart ihr unterwegs? Wie habt ihr euch verabredet? Gab es da schon Telefon? Wie war dein Schulweg? Hattest du Haustiere? Was war dein Lieblingsessen und wer hat es gekocht? Sie werden feststellen, es gibt so viel mehr Perspektiven, aus der Sie eine Geschichte betrachten können.

> *„Die Fragen sind es, aus denen das, was bleibt, entsteht" – Erich Kästner*

Es gibt mittlerweile viele Erinnerungsbücher zu diesem Thema – vielleicht ist da ja etwas für Sie dabei?

Buchtipp: Elma van Vliet (2016): „Mama, erzähl mal" (Verlag Elma van Vliet.

Ganz wichtig dabei – sich an früher erinnern sollte wie ein schöner Spaziergang und nicht wie ein Prüfung sein! Es geht nicht um das Ausfüllen eines Fragebogens und es gibt auch keine Noten für die richtigen Antworten. Stellen Sie keine konkreten Fragen, wie die genaue Adresse des Elternhauses oder den Namen des Klassenlehrers. Wenn Ihre Eltern das nicht wissen, kann das Stress und Scham auslösen.

Auch wenn Sie vielleicht einiges dabei lernen – es geht gar nicht um die Fakten. Sondern darum, dass sie Auslöser sind für ein gemeinsames Erleben und positive Gefühle. Durch Ihre Fragen können Ihre Eltern auch einmal etwas anderes als sonst von sich erzählen, etwas das nicht so belanglos ist.

Oder vielleicht erzählen Ihre Eltern sonst gar nicht so viel und Sie suchen immer krampfhaft nach Geschichten, um die Zeit herumzubringen. Dann können Ihnen die Erinnerungen dabei helfen, aus Ihrer Rolle als Alleinunterhalter herauszukommen.

Die Kraft der Musik

Wir alle kennen Musikstücke, bei denen wir sofort an einen besonderen Urlaub denken, die erste große Liebe oder den Abschlussball.

Fragen Sie Ihre Eltern nach ihren Lieblingsliedern aus der Kindheit oder Jugend, nach Liedern vom Abschlussball. Fragen Sie, ob sie Elvis mochten oder lieber Peter Kraus. Wenn Ihnen auf Anhieb nichts einfällt, dann googeln Sie doch einfach mal nach den Hits des jeweiligen Jahres und stellen eine Playliste zusammen. Sie werden schnell merken, welches Lied etwas auslöst. Ich habe zum Beispiel einen zauberhaften Abend mit meiner Mutter und Peter Alexander verbracht … Mit den Streaming-Diensten oder auf YouTube finden Sie auch die verborgensten Schätze!

Und dann gibt es noch ein Lied, das für alle Menschen eine ganz besondere Bedeutung hat. Das Gute-Nacht-Lied. Was war es bei Ihnen? „La-Le-Lu“, „Guten Abend, gute Nacht“ oder „Der

Mond ist aufgegangen“? Und bei Ihren Eltern? Vielleicht hilft Ihnen dieses Lied später einmal dabei, Ihre Eltern zu beruhigen.

Weltbewegende Ereignisse

Wo waren Sie, als Sie von Lady Di´s Tod erfahren haben? Wie haben Sie den Mauerfall erlebt?

Fragen Sie Ihre Eltern doch mal nach der ersten Mondlandung, wo sie waren als JFK erschossen wurde oder nach Sorayas Hochzeit mit dem Schah von Persien.

Fotos, Bücher, Erinnerungsstücke

Unsere fotografischen Erinnerungen lagern auf Festplatten, Smartphones und in der Cloud. Zum Glück hatten Ihre Eltern noch Fotoalben, in denen Sie gemeinsam stöbern können. Auch beim Betrachten der Bilder können Sie wieder Fragen zum Alltag stellen.

„Wie seid ihr denn nach Italien gekommen – mit dem Auto oder der Bahn?“ „Was war dein schönster Urlaub?“ oder vielleicht fallen Ihren Eltern auch die Anekdoten zu den Fotos ein – lassen Sie sich einfach von den Bildern inspirieren.

Auch rund um die Hochzeitsbilder gibt es bestimmt viele Geschichten. Wie war der Polterabend, wo habt ihr gefeiert, wer hat für das Essen gesorgt, ist irgendwas schiefgegangen?

Manche Städte bieten Nostalgietouren in Bussen der 1950er Jahre an. Forschen Sie in Antiquariaten nach Bildbänden über die Heimatstadt Ihrer Eltern in ihren Jugend- und frühen Erwachsenen-Jahren.

Vielleicht gibt es in der Wohnung Ihrer Eltern noch Erinnerungsstücke an frühere Hobbies oder Berufe? Holen Sie sich Tipps bei Ihren Eltern, fragen Sie, wie Sie das geschafft haben, seien Sie voller Bewunderung und Anerkennung.

Und egal zu welchem Thema, für alles gibt es Zeitschriften oder YouTube-Videos, die Sie gemeinsam mit Ihren Eltern anschauen können.

Lieblingsdüfte – Lieblingsspeisen

Wie riecht die Kindheit, wie schmeckt sie? Nach gemähter Wiese und einem frisch gebackenen Brot mit Butter und Salz?

Mit Duftölen oder Blumen können Sie gemeinsam auf Entdeckungsreise gehen. Ein Spaziergang im Garten mit dem Duft von Lavendel, Rosmarin und Rosen kann ganz wundervolle Erinnerungen hervorbringen, oder einfach nur guttun.

Finden Sie heraus, was die Lieblingsspeisen Ihrer Eltern waren. Was gab es zu besonderen Anlässen, was haben sie gerne genascht? Vielleicht kochen Sie das sogar mal gemeinsam.

Sich mit den Händen erinnern

Meine Oma war Schneiderin. Es hat ihr immer Freude bereitet, mit mir zusammen schöne Knöpfe zu sortieren.

Wenn Ihr Vater handwerklich begabt war, dann lassen Sie sich doch mal in die Welt der Schlösser, Schlüssel, Schrauben und Muttern entführen.

Malen, Häkeln, Stricken. Auch wenn Ihre Eltern das vielleicht nicht mehr selbst können, es reicht oft schon, schöne Stoffe zu berühren oder mit der Wolle zu spielen.

Ein Pflegeheimbewohner hat mir öfters beim Stricken *geholfen*, die Wolle abgewickelt und aufgepasst, dass ich immer genügend Faden habe. Das kannte er noch aus seiner Kindheit. Nebeneinandersitzend mussten wir uns gar nicht unterhalten, sondern haben einfach nur unsere Nähe und die gemeinsame Aktivität genossen.

Vielleicht gehen Sie einmal gemeinsam die Schmuckschatulle durch. Oder die besondere Armbanduhr, die es zum Firmenjubiläum gab, lädt zum Erzählen ein.

Gemeinsame Aktivitäten

Besuchen Sie mit Ihren Eltern deren Orte der Kindheit. Das kann eine wunderschöne gemeinsame Erfahrung sein. Und es ist sehr berührend, die Schule Ihres Vaters zu sehen oder den Ort der winterlichen Schneeballschlacht.

Doch es muss nicht immer etwas Besonderes sein, ein Ausflug, Essen gehen oder unbekannte neue Orte. Es reicht auch aus, einfach da zu sein. Das Geschenk der Präsenz, der Nähe und Aufmerksamkeit im Moment ist so viel wert. Sich gemeinsam an Früher erinnern, Lieder aus der Jugend hören.

All diese Erinnerungen sammeln Sie auch für sich selbst. Und Sie können sie Ihren Eltern dann anbieten, wenn diese es von alleine nicht mehr schaffen.

Gesundheitliche Situation der Eltern

Verschaffen Sie sich einen Überblick über die Ärzte Ihrer Eltern und machen Sie sich auch ein Bild von den aktuellen Medikamenten.

Achten Sie darauf, dass Ihre Eltern regelmäßig ihre Hörfähigkeit überprüfen und zum Augenarzt gehen.

Wenn bereits weitere Krankheiten bestehen, wie zum Beispiel Diabetes und Bluthochdruck, informieren Sie sich über mögliche Folgen und Behandlungsformen.

Falls Ihre Eltern über einen längeren Zeitraum ungewöhnlich antriebslos sind und wenig Emotionen zeigen, dann könnte es sich um eine depressive Verstimmung oder eine Altersdepression handeln. Das sollten Sie unbedingt mit dem Hausarzt besprechen.

Ein wichtiger Tipp: Weisen Sie Ihre Eltern auf die Symptome eines Schlaganfalls und eines Herzinfarkts hin. Dabei zählt jede Minute.

Symptome für einen Schlaganfall:

- Sehstörung
- Sprach-, Sprachverständnisstörung
- halbseitige Lähmung, Taubheitsgefühl
- Schwindel mit Gangunsicherheit
- Sehr starker Kopfschmerz

https://www.schlaganfall-hilfe.de/de/verstehen-vermeiden/schlaganfall-erkennen/fast-test/

- **Symptome für einen Herzinfarkt bei Frauen:**
- Kurzatmigkeit
- Beschwerden im Oberbauch
- Übelkeit
- Druckgefühl in der Brust

https://www.herzstiftung.de/Herzinfarkt-bei-Frauen.html, 27.03.2020

- **Symptome für einen Herzinfarkt bei Männern:**
- Starke Schmerzen im Herzbereich und Brustkorb bis in die Arme
- Massives Engegefühl
- Heftiges Brennen
- Übelkeit, Atemnot und Schmerzen im Oberbauch

https://www.herzstiftung.de/Anzeichen-Herzinfarkt.html, 27.03.2020

Bei Verdacht auf einen Schlaganfall oder Herzinfarkt muss unbedingt der Notarzt gerufen werden (in Deutschland die 112).

6 Emotionale und gesundheitliche Belastung der Elternkümmerer

Eine bewusste und ehrliche Bestandsaufnahme ist der erste Schritt zur Selbstfürsorge. Schauen Sie sich noch einmal das Schaubild aus Kapitel 2 an und Ihre Antworten zu der Frage „Warum kümmere ich mich eigentlich?". Sie müssen Ihre Antworten mit niemandem teilen, doch seien Sie ehrlich sich selbst gegenüber. Je klarer Sie sich über Ihre Motivation sind, desto besser können Sie handeln. Selbstfürsorge braucht drei Dinge: Klarheit, Mut und Erlaubnis!

> Es gibt eine wunderschöne Unterscheidung zwischen Härte und Klarheit: „Härte kommt aus dem Ego – Klarheit kommt aus der Liebe."

Sie haben bestimmt schon oft gehört, dass Sie eine Situation annehmen oder akzeptieren sollen. Doch für mich fühlt sich das oft zu schwierig an. Ich will das nicht annehmen oder akzeptieren! Es schwingt da immer noch zu viel Zustimmung und Einverständnis mit. Gelassenheitsexpert:in Dor Lötscher hat mir als Alternative für diese Situation ein wertvolles Wort mitgegeben: Anerkennen. Wenn ich eine Situation anerkenne, dann darf ich sie immer noch belastend und schwierig finden. Doch ich erkenne sie als aktuelle Realität an und verschwende meine wertvolle Energie nicht damit, dagegen anzukämpfen. Anerkennen, was ist – und dann die nächsten Schritte überlegen. Es ist wie es ist. Es ist was es ist.

Ist das leicht? Nein – auf keinen Fall. Ich weiß aus eigener Erfahrung, wie sehr man sich wünscht, die Situation wäre anders, wie ungerecht einem das Leben vorkommt, und wie hilflos man sich fühlt. Es darf auch die Momente geben, in denen wir uns ausheulen, die Welt und die Umstände anklagen, uns über andere aufregen und am liebsten die Decke über den Kopf ziehen und nie mehr aufstehen wollen. Wir sind ja keine Heiligen!

Und trotzdem – lassen Sie sich von diesen Gefühlen nicht gefangen nehmen. Das Anerkennen der Situation, so wie sie jetzt gerade ist, ist der erste Schritt in Ihre Selbstbestimmung, in Ihre Handlungsfähigkeit.

In diesem Kapitel gebe ich Ihnen einen Überblick über die vielen Bereiche, in denen wir uns das Leben schwer machen. Schauen Sie sich diese Bereiche mit dem Blick des Anerkennens an und Sie werden entdecken:

„Letting go starts with letting be" – Jack Kornfield

Überforderung

Je länger Sie sich um Ihre Eltern kümmern, umso mehr wächst oft das Gefühl der Überforderung. Jeder will etwas von Ihnen, die To-do-Liste wird jeden Tag länger und Sie fühlen sich komplett fremdbestimmt.

Lassen Sie uns einmal anschauen, wo das Gefühl der Überforderung herkommt. Schauen Sie sich das Wort einmal genauer an: **Über**-Forderung. Irgendwer/Irgendetwas stellt zu viele Forderungen. Jetzt ist die spannende Frage: Fühlen Sie sich verpflichtet, diese Forderungen zu erfüllen? Und wenn ja, warum? Und was passiert, wenn Sie sie erfüllen wollen, es aber nicht schaffen? Dann geraten Sie in den Strudel der belastenden Gefühle und Emotionen.

Warnsignale für körperliche und seelische Erschöpfung

Die ständige Überforderung und der Einsatz für Ihre Eltern kann Auswirkungen auf Ihren Körper und Ihr seelisches Befinden haben. Wenn Sie ehrlich zu sich sind, wissen Sie, dass Sie mit Ihrer Gesundheit dafür bezahlen, wenn Sie genauso weitermachen.

Schauen Sie sich diese Liste in Ruhe an und überlegen Sie, was davon auf Sie zutrifft. Auch wenn es schwerfällt, Sie dürfen die Notbremse ziehen und sich eingestehen: „Ich kann nicht mehr und ich will nicht mehr!“

Körperliche Symptome:

- Schwächegefühl
- chronische Müdigkeit
- Antriebslosigkeit
- bleiernes Gefühl in allen Gliedern
- Nervosität und innere Unruhe
- Schlafstörungen
- Kopfschmerzen und Migräne
- Rückenschmerzen
- Magen-Darm-Beschwerden
- Herz-Kreislauf-Störungen
- Geschwächte Abwehrkräfte

Seelische Symptome:

- Überforderung und Hilflosigkeit
- Schuldgefühle und schlechtes Gewissen
- Wut und Aggression
- Verzweiflung
- Gereiztheit, Ärger, Angst, Schuldzuweisungen
- Trauer und Verlustgefühle
- Keine Lust auf Kontakt mit anderen Menschen
- innere Leere und Gefühllosigkeit
- Niedergeschlagenheit, Hoffnungslosigkeit

„Ich will mein Leben zurück!“ – „Ich kann nicht mehr.“ Sie funktionieren nur noch und fühlen sich komplett fremdbestimmt. Sie wissen genau, woher Ihre Schlaflosigkeit, Ihre Rückenschmerzen und Ihr Tinnitus kommen.

Viel zu oft muss es erst bis zu diesem Punkt der Erschöpfung kommen, bevor Sie sich selbst eingestehen, dass Sie so nicht mehr weitermachen können. Und jetzt sind Sie auch bereit, genauer hinzuschauen, um Auswege aus der Situation zu finden.

Innere Antreiber und hinderliche Einstellungen erkennen

Ausweglosigkeit: „Ich habe doch keine Wahl, wenn ich es nicht mache, dann macht es keiner.“ „Egal, wie viel ich mache – es ist nie genug!“ „Immer muss ich mich kümmern!“

Sie fühlen sich ohnmächtig und der Situation ausgeliefert. Sie sehen keinen Lösungsweg und fühlen sich gefangen, Ihnen sind die Hände gebunden.

Schuldgefühle: „Darf ich es mir gutgehen lassen? Tanzen und lachen?“ „Ich habe mich heute noch gar nicht bei meine Eltern gemeldet.“ „Darf ich überhaupt in den Urlaub fahren?“ „Ich würde so gerne ein paar Tage Urlaub machen. Darf ich mir das überhaupt gönnen, wenn es ihnen doch so schlecht geht?“

Oft wird da ein regelrechter Handel mit dem Schicksal ausgemacht – „Wenn ich nicht in den Urlaub fahre, dann passiert meinen Eltern nichts. Wenn ich mir jedes Vergnügen untersage, dann ist das Schicksal gnädig und verschont meine Eltern. Wenn ich auch im Urlaub dreimal täglich zu Hause anrufe, dann sind sie sicher.“

Genau betrachtet sind das richtige Allmachtsfantasien, oder? Fakt ist – wenn etwas passiert, dann passiert es. Ganz unabhängig davon, ob Sie am anderen Ende der Welt, auf

Mallorca, im Büro oder im Nebenzimmer sind. Fakt ist auch: Je besser und unbeschwerter Sie sich erholen, umso besser und energiegeladener können Sie sich wieder um Ihre Eltern kümmern.

Ich weiß, es ist schwer, sich komplett von allen Gedanken zu lösen und eine Auszeit zu genießen. Dass ein Teil von Ihnen immer noch bei den Eltern ist, das ist ganz normal. Doch es sollte nicht Ihren Alltag und alle Ihre Gedanken bestimmen.

Wenn es Ihren Eltern wenigstens helfen würde, wenn Sie sich um sie Sorgen machen …

Aus eigener Erfahrung weiß ich, wie schwer es fallen kann, sich eine Auszeit zu gönnen. Es hat mir damals fast das Herz zerrissen, als ich eine Woche alleine verreist bin. Doch ich wusste, sie sind versorgt und ich wusste auch, dass ich das um meiner selbst willen machen musste. Das war mein Selbsterhaltungstrieb.

Und Ihre Eltern – die werden bestimmt nicht jubeln, wenn Sie sich einmal eine Auszeit nehmen. Doch sie werden versorgt sein, auch wenn es nicht so bequem und gewohnt ist, wie bei Ihnen. Und das muss reichen. Denn es geht hier ausnahmsweise einmal nicht um Ihre Eltern, sondern es geht um Sie!

Scham: „Ich ertrage es fast nicht, meine Mutter in diesem Zustand zu sehen. Manchmal wünschte ich, das Leiden meiner Mutter wäre zu Ende und ich schäme mich für diese Gedanken."

„Ich bin gerade frisch verliebt und schäme mich dafür, dass es mir gutgeht. Darf ich mir das überhaupt gönnen?"

Ja ganz unbedingt! Nehmen Sie das Leben in all seiner Fülle an. Freuen Sie sich, genießen Sie es. Ja, es ist krass, dieses Wandeln zwischen den Welten. Pflegeheim und Inkontinenz auf der einen Seite – Schmetterlinge im Bauch und sinnliche Leidenschaft auf der anderen. Doch es ist Ihr Leben. Saugen Sie sich mit positiver Energie und guten Gefühlen auf – dann profitieren Ihre Eltern auch davon.

Perfektionismus: „Nur ich weiß, was gut für unseren Vater ist!“ „Bei mir isst Mutter immer genug. Ich kenne sie genau und weiß, was sie braucht. Jemand anderes kann das nicht.“

Achtung: Wenn Sie sich bei diesen Gedanken ertappen, dann sind Sie auf dem besten Weg in den Burn-out. Wenn Sie immer alles alleine machen wollen, dann werden Sie einsam!

Ich glaube Ihnen. Sie haben einen besonders guten Draht zu Ihrem Vater. Sie wissen genau, wie Ihre Mutter am liebsten ihr Mittagessen zu sich nimmt. Und Ihre Eltern werden nicht begeistert sein, wenn *Fremde* ins Haus kommen. Und trotzdem – lernen Sie es auszuhalten, dass sich jemand anderes um Ihre Eltern kümmert, natürlich nicht so *perfekt* wie Sie es tun, aber immerhin. Wenn Sie es schaffen, damit umzugehen, dann ist das Ihr Schritt in die Freiheit!

Denn bedenken Sie – das Kümmern um die Eltern kann Jahre dauern. Sie sind nicht auf einer kurzen Sprinterdistanz unterwegs – Sie sind auf Marathon- oder Triathlonkurs. Je eher sich Ihre Eltern daran gewöhnen, dass Sie sich nicht ausschließlich und alleine um sie kümmern, desto entspannter wird es für alle.

Machen Sie doch mal eine Liste von all den Dingen, die nur Sie richtig machen können und die auf keinen Fall von jemand anderem übernommen werden können.

Schauen Sie sich diese Punkte an und überlegen Sie, bei welchem Punkt Sie es am ehesten aushalten könnten, wenn es nicht genauso gemacht wird, wie Sie es wollen. Und dann wagen Sie einmal dieses Experiment. Vielleicht ist danach die Spülmaschine anders eingeräumt, der Badezimmerteppich liegt nach dem Staubsaugen nicht im rechten Winkel oder Ihr Vater hat ein ungebügeltes Hemd an. Beobachten Sie sich und versuchen Sie, es auszuhalten. Vielleicht können Sie sich auch daran freuen, dass Sie in dieser Zeit etwas anderes machen konnten. Wenn nicht – im nächsten Abschnitt geht es um die Ansprüche an sich selbst.

Sorgen: „Was kommt da alles auf mich zu und wie soll ich das nur schaffen?" „Was, wenn meinen Eltern etwas passiert? Was, wenn ich nicht erreichbar bin? Was, wenn mir etwas passiert? Was, wenn meine Gesundheit nicht mehr mitmacht? Was, wenn ich nicht pünktlich bin? Was, wenn meine Eltern sterben?"

„Immer, wenn ich mal weggefahren bin, ist etwas Schlimmes passiert. Ich darf einfach nicht mehr weg". Gibt es da wirklich einen Zusammenhang? Sind Sie wirklich so allmächtig?

Die Ungewissheit darüber, was alles auf Sie zukommen könnte, zieht ziemlich viel Energie ab. Natürlich kann niemand sagen, wie sich die Zukunft entwickeln wird. Doch Sie können sich auf mögliche Entwicklungen vorbereiten. Genaues Hinschauen und Anerkennen der Situation ist dabei sehr wichtig.

Mit der Checkliste in Kapitel 3 haben Sie ja bereits einen ersten Überblick bekommen. Ein realistischer Blick, ausreichend Informationen über den Gesundheitszustand Ihrer Eltern und erste Überlegungen, wie es aussehen könnte, wenn sich der Zustand verschlimmert – das alles kann Ihnen helfen.

Auch hier ist es wieder eine Gratwanderung zwischen Nicht-Wahrhaben-Wollen und einem Zuviel an Informationen. Ich vergleiche das mit einem Beipackzettel. Ja – es ist wichtig, dass Sie wissen, warum Sie ein Medikament nehmen sollen, wie es eingenommen werden soll, und welche Wirkung es hat. Und nein – es ist nicht wichtig und sogar kontraproduktiv, wenn Sie sich alle Nebenwirkungen und mögliche Komplikationen durchlesen und sich diese möglichst plastisch vorstellen.

Auf Ihre Eltern bezogen heißt das zum Beispiel, dass Sie sich Gedanken darüber machen sollten, was es bedeutet, dass Ihr Vater Probleme mit seinem Knie hat. Kann er in der Wohnung wohnen bleiben, auch wenn er keine Treppen mehr steigen kann. Und wie könnte eine Lösung aussehen. Suhlen Sie sich nicht in Gedanken, was dann noch alles passieren könnte.

Vergleiche: „Andere schaffen viel mehr als ich!“ „Andere kümmern sich viel besser um ihre Eltern!“ „Wenn ich doch auch mal so liebevoll mit meiner Mutter umgehen könnte.“ „Anderen geht es viel schlechter und trotzdem schaffen sie das alles ganz mühelos.“

Ganz genau. Es gibt immer andere, die anscheinend gelassener, organisierter sind, ihr Leben im Griff haben und immer gut gelaunt sind.

Wer vergleicht, verliert. Und wenn Sie sich unbedingt vergleichen wollen, dann schauen Sie doch mal auf diejenigen, die es nicht so gut hinbekommen, wie Sie. Wir haben alle die Tendenz, dass wir uns immer nur mit denjenigen vergleichen, die es vermeintlich besser machen.

Schlechtes Gewissen: „Darf ich es mir gutgehen lassen?“ „Ich vernachlässige meine Kinder, meinen Mann, unsere Ehe, meine Freunde“. „Ich hätte heute nochmals anrufen sollen!“ „Ich hätte mich wirklich noch um die Überweisung kümmern sollen – das dauert doch nicht lange!“ „Wenn ich mich weniger kümmern würde, hätte ich ein schlechtes Gewissen“.

Ich glaube fast, wir sind nirgendwo so kreativ, wie wenn es um das schlechte Gewissen geht. Die Ansprüche und Erwartungen, die wir an uns haben, sind dermaßen unrealistisch, dass wir das niemals von jemand anderem erwarten würden. Doch wir glauben uns ganz ungefragt.

> ! Schlechtes Gewissen ist die Differenz zwischen dem, was wir denken und tun, und dem, was wir glauben, denken und tun zu müssen.

Realitäts-Check

Nehmen Sie sich diese inneren Fragen und Aussagen einmal für sich vor. Schreiben Sie sie auf.

Nehmen Sie sich jede Frage einzeln vor und beantworten Sie diese. Versuchen Sie dabei, ganz nüchtern und realistisch zu bleiben. Es geht nicht darum, ein Schreckensszenario aufzubauen, sondern sich Ihre Sorgen und Ängste einmal bei Tageslicht anzuschauen. Dadurch verlieren sie ihren Schrecken und diese ständig wabernde ungute, belastende Sorgenwolke kann sich lichten und Klarheit bringen.

Zum Beispiel: „Was, wenn ich nicht erreichbar bin?" Ja, was ist dann? Wenn Sie nicht erreichbar sind, dann wird jemand anders erreicht. Vielleicht mit Zeitverzug, aber trotzdem, z.B. Hausnotruf, Arzt, Notarzt, Nachbarn etc.

Nehmen Sie sich jede Aussage einzeln vor.

Zum Beispiel: „Andere schaffen viel mehr als ich".

Stellen Sie sich dann diese vier Fragen:

- Ist das wahr?
- Ist das wirklich wahr?
- Wie geht es Ihnen, wenn Sie das denken?
- Was könnte auch noch wahr sein?

Diese Fragen beruhen auf der Methode „The Work" von Byron Katie und Stephen Mitchell in ihrem Buch „Lieben was ist – Wie vier Fragen Ihr Leben verändern können" (Arkana Verlag 2013).

Wenn Sie sich wirklich diesen Fragen und Aussagen stellen, dann haben Sie einen mutigen Schritt zu sich selbst gemacht.

Falls Sie immer noch das Gefühl haben, Sie müssten noch mehr tun, dann hilft Ihnen vielleicht auch diese Überlegung.

Fragen Sie sich, was Sie tun müssten und auf was Sie alles verzichten müssten, damit Sie kein schlechtes Gewissen mehr haben, sondern das Gefühl, Sie kümmern sich genau richtig um Ihre Eltern?

Wenn Sie jeden Tag fünfmal anrufen, wenn Sie zu Ihren Eltern ziehen, wenn Sie 24 Stunden neben Ihren Eltern sitzen und schlafen? Ich weiß, das hört sich absurd an, doch überlegen Sie wirklich mal, wo Ihre persönliche Grenze des Sich-Kümmerns ist. Das ist nämlich der Beginn Ihrer Autonomie. Dort kommt Ihr gesunder Selbsterhaltungstrieb zum Vorschein: „Ich kann doch nicht mein Leben komplett für meine Eltern aufgeben!"

Genau! Das könnten Sie vielleicht, aber das wollen Sie nicht. Und genau dort können Sie ansetzen. Denn diese innere Grenze fühlt sich für Sie richtig an. Das ist unverhandelbar. Das ist Ihr Startpunkt in eine gesunde Selbstfürsorge.

Erwartungen und Ansprüche

„Das kann man ja wohl erwarten, oder? Das ist doch wohl das Mindeste! Der sieht doch, dass ich nicht mehr kann! Das muss ich ja wohl nicht extra sagen, oder?" Diese Sätze bereiten den Boden für Stress und Überforderung.

Wer erwartet hier was von wem? Und wie realistisch ist die Erfüllung dieser Erwartungen? Wir alle haben Erwartungen – an uns und an andere. Wenn es darum geht, sich um die Eltern zu kümmern, gibt es die unterschiedlichsten Erwartungen und Anforderungen, die auf Sie einprasseln. Schauen wir uns die unterschiedlichen Erwartungen einmal genauer an.

Die Erwartungen der Elternkümmerer

Die Erwartungen, die wir an uns selbst haben, sind uns oft gar nicht so bewusst. Wir kennen es ja nicht anders und halten das für normal. So ist es halt. Punkt. Es lohnt sich, diese Erwartungen einmal genauer anzuschauen. Dort liegt ganz oft ein wertvoller Hinweis, der Ihnen einen Weg aus der Überforderung zeigen kann.

Erwartungen und Anforderungen an sich selbst

- „Alle anderen schaffen das. Da werde ich das doch wohl auch hinbekommen."
- „Anderen geht es noch viel schlechter und die schaffen das doch auch!"
- „Ich muss das machen."
- „Ich werde meine Mutter zu Hause pflegen."
- „Ich weiß, dass ein Heim für meinen Vater nicht in Frage kommt. Deshalb muss ich mich kümmern."
- „Ich habe es meinen Eltern versprochen. Und dieses Versprechen werde ich einhalten."
- „Ich muss einfach durchhalten."
- „Ich werde meine Mutter pflegen, auch wenn ich dabei drauf gehe."
- „Ich muss das irgendwie alleine schaffen."
- Ich kann es mir nicht gutgehen lassen, wenn es meinen Eltern schlecht geht."
- „Was sollen denn die Leute sagen, wenn ich es nicht mache!"
- „Das würde ich mir nie verzeihen."
- „Es ist doch meine Mutter!"
- „Ich möchte meinen Kindern ein Vorbild sein."
- „Wer soll es denn sonst machen?"
- „Es ist doch meine Pflicht als Tochter, als Sohn, als Kind."
- „Ich will meinen Mann mit der Pflege seiner Mutter unterstützen."

- „Ich wohne von meinen Geschwistern am nächsten dran. Deshalb ist es klar, dass ich mich kümmere."
- „Es macht sonst ja keiner. Deshalb muss ich es machen."
- „Ich bin das einzige Kind. Wer soll sich denn sonst kümmern."
- „Ich weiß, dass ich es kann, also mache ich es auch."
- „Meine Eltern waren immer für mich da, das möchte ich ihnen jetzt zurückgeben."
- „Ich habe ein schlechtes Gewissen, wenn ich es nicht mache."
- „Ich mache mir Sorgen um meine Eltern. Deshalb will ich so viel wie möglich bei Ihnen sein."
- „Der Gedanke, dass meine Eltern sterben könnten, ist unerträglich für mich."
- „Ich will meine Eltern retten."
- „Ich bin es meinen Eltern schuldig."

Erwartungen an die Geschwister

- „Die könnten mich doch auch mal unterstützen."
- „Die sehen doch, dass ich nicht mehr kann."
- „Meine Geschwister sollen sich so verhalten, wie ich es will."
- „Ich will, dass meine Geschwister anerkennen, dass ich doch zu etwas tauge."

Erwartungen an die Eltern

- „Wenn ich mich jetzt richtig anstrenge, dann bekomme ich endlich die Anerkennung, auf die ich mein Leben lang gewartet habe!"
- „Meine Mutter muss doch merken, dass ich nicht mehr kann."
- „Mein Vater soll wenigstens einmal sagen: „Kind, ich bin stolz auf dich."

Erwartungen an das Leben

- „Wenn ich mich so richtig anstrenge, dann wird mein Vater nicht sterben."
- „Wenn ich nie mehr in den Urlaub fahre, dann sind meine Eltern sicher."

Die Erwartungen an die Elternkümmerer

Die Eltern

- „Du musst dich um mich kümmern, Du bist doch mein einziges Kind."
- „Versprich mir, dass du mich nie ins Heim gibst!"
- „Du hast doch keine Kinder, da hast du doch Zeit."
- „Wenn Papa stirbt, dann ziehe ich zu dir!"
- „Ich will auf jeden Fall in meinen vier Wänden bleiben."
- „Ich gehe hier nur mit den Füßen zuerst raus."
- „Du bist doch meine Tochter – du musst dich doch um mich kümmern."
- „Ich habe doch nur dich!"
- „Ich wüsste nicht, was ich ohne dich machen würde!" – Achtung, so schön sich das vielleicht anhört: In diesem Lob steckt auch die Forderung „Du musst dich um mich kümmern, denn sonst ist da ja niemand".
- „Einen alten Baum verpflanzt man nicht mehr."
- „Du hast es mir versprochen, dass du dich kümmerst."

Die Geschwister

- „Du wohnst doch in der Nähe."
- „Du hast doch keine Kinder und viel Zeit."
- „Du kannst doch viel besser mit unserer Mutter."

Die „Leute"

Die diffuse Angst, „was sollen denn die Leute sagen?", schwingt bei vielen Entscheidungen mit. Gerade, wenn Sie oder Ihre Eltern in einem ländlichen Umfeld wohnen.

Wenn Sie merken, dass diese Frage Ihre Entscheidungen beeinflusst, überlegen Sie sich einmal ganz genau, wer diese „Leute" eigentlich sind. Oft ist es eher eine Idee davon und niemand Konkretes. Wollen Sie sich wirklich wegen so einer abstrakten Forderung Ihr Handeln vorschreiben lassen?

Die „Leute" können doch überhaupt nicht beurteilen, wie es Ihnen geht und warum Sie sich für das eine oder andere entscheiden. Und – wenn Sie sich auf diese Spiel einlassen, können Sie nur verlieren: „Also ich würde meine Mutter NIE in ein Heim abschieben!" Das sind die gleichen „Leute", die sagen: „Ich weiß gar nicht, warum du dir das antust. Gib deine Mutter doch in ein Heim."

Die Gesellschaft

„Eine Tochter oder Schwiegertochter muss sich um die alten Eltern kümmern". Trotz Emanzipation wird diese Rolle von von Frauen oder weiblich sozialisierten Menschen sehr oft unhinterfragt übernommen. Wenn sie das nicht machen, dann werden sie zur Rabentochter.

Schreiben Sie sich pro Bereich die Erwartungen und Anforderungen auf. Schauen Sie sich diese an und stellen sich folgende Frage:

Welche Erwartungen wollen Sie besonders gut erfüllen?

Vielleicht stellen Sie dabei fest, dass Sie nicht alle Erwartungen gleich gut erfüllen wollen, sondern dass Ihnen einige vielleicht sogar ziemlich egal sind.

Berufstätige mit Pflegeverantwortung

Für viele Elternkümmerer ist die eigene Berufstätigkeit eine wichtige Abwechslung vom Pflegealltag. Sie erleben sich dann noch einmal ganz anders. Das kann Energie und Abwechslung bringen. Doch der Anspruch, die eigene Berufstätigkeit und das Kümmern um die alten Eltern unter einen Hut zu bringen, zerrt sehr oft auch an den Nerven. Was können Sie tun, um sich gut in beiden Welten zu bewegen?

Der wichtigste Punkt ist die gefühlte Flexibilität. Also das Wissen, im Notfall jederzeit auch kurzfristig erreichbar zu sein und einspringen zu können. Sei es für die Eltern, das Pflegeheim, das Sanitätshaus, die Krankenkasse … Allein dieses Gefühl bringt schon eine große Erleichterung.

Wie können Sie das erreichen? Sprechen Sie Ihre Situation bei Ihren Vorgesetzten an. Machen Sie klar, dass diese Notfallsituationen gar nicht so oft vorkommen, doch dass das Wissen um Flexibilität Sie viel konzentrierter arbeiten lässt.

Vorschläge für eine Vereinbarung zur Umsetzung der gefühlten Flexibilität:

- Sie sind auch während der Arbeitszeit telefonisch für Notfälle erreichbar.
- Sie dürfen auch während der Arbeitszeit notwendige Telefonate führen.
- Es gibt einen Ort, an dem Sie ungestört telefonieren können.
- Sie erstellen gemeinsam einen Notfallplan mit Vertretungsregelung

Vereinbaren Sie individuelle Arbeitszeitmodelle:

- Überstunden ansparen und dann kurzfristig nehmen
- Einen Urlaubstag nehmen und dann stundenweise nehmen
- In andere Schichtmodelle wechseln
- Arbeitszeitkonten nutzen

- Arbeitszeit (befristet) reduzieren
- Gesetzliche Pflegezeit in Anspruch nehmen
- Eine kurzfristige Freistellung/Sonderurlaub beantragen

Gleichzeitig kann Ihre Berufstätigkeit Ihnen auch helfen, sich besser abzugrenzen. Nutzen Sie die Kraft der Sachzwänge für sich. „Ich muss heute noch etwas für die Arbeit erledigen“, wird von Ihren Eltern leichter akzeptiert als: „Ich gehe heute Abend ins Yoga“.

Geschwisterstress: „Es ist auch DEINE Mutter!“

Sich um die alten Eltern zu kümmern, ist an sich schon eine große Herausforderung. Wenn dann auch noch Geschwister dazukommen, dann wird es richtig komplex. Es kann eine große Erleichterung sein, sich die Verantwortung um die Eltern mit den Geschwistern zu teilen. Doch es kann auch zu zusätzlichem Stress führen: Jeder will das Beste für die Eltern, und jeder meint damit etwas anderes.

Es gibt dabei ganz unterschiedliche Ebenen und Facetten. Die aktuellen Sorgen vermischen sich auf einmal mit alten Rivalitäten aus der Kindheit. Wenn Sie sich darüber bewusst sind, gelingt es Ihnen besser, einen kühlen Kopf zu bewahren und sich auf das aktuelle Problem zu konzentrieren.

Mitzuerleben, dass die eigenen Eltern alt werden und nicht mehr so können, wie früher. Das ist schwierig und schmerzhaft. Jeder geht anders damit um. Ihre Geschwister sind da keine Ausnahme. Die unterschiedlichsten Emotionen kommen hoch, viele davon aus der Kindheit.

Das Bedürfnis nach Anerkennung und Liebe, der Wunsch, sich den Geschwistern und den Eltern gegenüber als kompetent zu erweisen und vielleicht endlich einmal ernst genommen zu werden.

Das meiste davon läuft ganz unbewusst ab, doch es beeinflusst ganz entscheidend Ihr Verhalten untereinander und den Eltern gegenüber. Ohne es zu wollen, finden Sie sich im Konkurrenzkampf um die elterliche Liebe und die Anerkennung der Geschwister wieder. Wer kümmert sich? Wer nicht? Und wie viel? Und wer hat das Sagen? Das Gefühl nicht verstanden zu werden und selbst am meisten zu tun, gipfelt dann im Streit mit den Geschwistern: „Es ist auch DEINE Mutter!“

Jeder von Ihnen hat andere Prioritäten, Ihr Bruder ist vielleicht besonders nüchtern und benötigt klare Fakten. Eine Schwester sieht eher die emotionalen Themen und die andere konzentriert sich auf die gesundheitlichen Probleme.

Machen Sie sich bewusst, dass es für alle eine schwierige Zeit ist und dass jeder auf seine Art mit seinen Sorgen und Ängsten umgeht. Das ist keine Entschuldigung für rücksichtsloses Verhalten, aber es kann Ihnen helfen, eine Erklärung für unverständliche Reaktionen zu finden.

Nicht wahrhaben wollen: Einige wollen es einfach nicht wahrhaben, dass die Eltern nicht mehr so können und abbauen. Sie halten an dem Elternbild ihrer Kindheit fest und ignorieren alle Anzeichen.

„Ich weiß gar nicht, was du hast. Mutter ist doch vollkommen klar. Sie hat mit mir sogar das Kreuzworträtsel gelöst. Also du übertreibst da wirklich!“

„Ich habe meine Kinder in den Ferien immer zu den Eltern gebracht – warum sollte das nicht gehen? Mutter würde mir doch sagen, wenn Sie das nicht mehr schafft.“

Warum ist das so? Warum wollen wir da gar nicht genau hinschauen? Wenn wir uns wirklich eingestehen, dass die eigenen Eltern nicht mehr so fit sind wie früher, dass die gesundheitlichen Probleme zunehmen und die Kräfte nachlassen, dann kann das einem erst mal den Boden unter den Füßen wegziehen. Für einige ist der Gedanke so unerträglich, dass sie es einfach ignorieren und so tun als wäre alles so wie immer.

Überforderung: Andere fühlen sich überfordert, wenn sie nur daran denken, was alles auf sie zukommen könnte. Als Folge davon ziehen sie sich zurück.

Aktionismus: Wieder andere stürzen sich in Aktionismus und wollen ihre Eltern retten. Sie sind so überfürsorglich, dass Sie das Leben der Eltern komplett übernehmen und alles bestimmen wollen, obwohl es diesen noch gar nicht so schlecht geht.

Unterschiedliche Meinung: Stellen Sie sich darauf ein, dass es immer wieder unterschiedliche Meinungen darüber geben wird, was Ihre Eltern benötigen. Und dass auch das Engagement für die Eltern unterschiedlich sein wird.

Die Schwester, die sich aus allem raushält: „Sag mir, wenn was zu tun ist." Gerade so, als ob es nur ab und zu etwas zu tun gäbe.

Der Bruder, der alle drei Monate mal vorbeikommt und alles besser weiß: „Ich hab mich da mal informiert – du musst das anders machen."

Aktuelle Probleme oder alte Kindheitsbedürfnisse?: Wenn Sie immer wieder Stress mit Ihren Geschwistern haben, fragen Sie sich doch bitte einmal: Um was geht es hier eigentlich? Warum reagiere ich so heftig, warum reagiert der andere so heftig? Geht es wirklich darum, wer sich um den Einkauf kümmert, oder erinnert mich das an Rivalitätsgefühle und Eifersucht aus der Kindheit?

- Erhitzte Diskussionen über Kleinigkeiten: darüber, wer Ihre Mutter zum Friseur bringt.
- Negative Pauschalurteile über Ihre Geschwister: „Die ist egoistisch, verantwortungslos, hat keine Ahnung, weiß alles besser!"
- Sie haben das Gefühl, keines Ihrer Geschwister weiß, was Ihre Mutter wirklich braucht. Und keiner außer Ihnen kann diese Dinge für sie erledigen.
- Sie streiten sich mit Ihren Geschwistern immer wieder

über die gleichen Dinge: „Immer machst du das! Und nie machst du das!" „Und unsere Mutter ist dir total egal."

Wenn Sie sich in so einer Situation ertappen, atmen Sie einmal tief durch und fragen Sie sich:

Verhalte ich mich gerade so, wie es jetzt der Situation angemessen wäre oder so, wie ich mich als kleines Kind gefühlt habe, das endlich einmal gesehen, anerkannt und gelobt werden will?

Vielleicht mussten die ältesten Geschwister schon früh die Verantwortung für die jüngeren übernehmen. Sie haben nicht die Zuneigung bekommen, die sie sich gewünscht hätten und beneiden die jüngeren darum, dass sie viel mehr Geborgenheit erfahren haben.

Oder als jüngstes Kind wollten Sie Ihren Geschwistern immer beweisen, dass sie doch etwas taugen.

Wenn die Geschwister unterschiedlich weit weg wohnen: Die räumliche Entfernung zu den Eltern spielt eine große Rolle im Kümmern um die Eltern.

Wer am nächsten wohnt, der kann im Notfall am schnellsten bei den Eltern sein. Doch oft erwarten die Geschwister dann auch, dass man sich grundsätzlich um alles andere kümmert. „Du kannst doch mal eben vorbeischauen. Du gehst doch eh einkaufen, dann kannst du das doch gerade mitmachen."

Wenn Sie am nächsten an den Eltern wohnen, müssen Sie sich nicht automatisch alleine um Ihre Eltern kümmern! Sie haben allerdings den größten Rechtfertigungszwang gegenüber den Geschwistern, den Eltern und sich selbst. Dabei ist es übrigens total egal, ob „nahe dran" 10 Minuten entfernt, eine Stunde weg oder irgendwo in Deutschland ist. Solange die anderen noch etwas weiter weg wohnen.

Wie können die Geschwister helfen, die weit weg wohnen? Nur weil Sie nicht in der Nähe Ihrer Eltern und Ihrer Geschwister wohnen, können Sie diese trotzdem unterstützen. Regelmäßige Telefonate mit den Eltern, Postkarten von unterwegs verschicken, die Abwicklung mit Krankenkasse, Pflegekasse und Versicherungen übernehmen, sich um die Finanzen kümmern. Sie können Ihre Geschwister finanziell unterstützen oder sich regelmäßig für einen längeren Zeitraum um die Eltern kümmern, damit sich Ihre Geschwister eine wohlverdiente Auszeit nehmen können.

Fragen Sie auch nach, wie Sie Ihre Geschwister vor Ort am besten unterstützen können, was mittlerweile die tägliche Routine mit den alten Eltern ist. Fragen Sie nach ihrer Meinung zu Ihren Plänen und Ideen. Vor allem aber erkennen Sie an, was Ihre Geschwister regelmäßig leisten.

Achtung: Geschwister, die weiter weg wohnen und nicht so oft bei den Eltern sind, haben deshalb oft ein schlechtes Gewissen. Das zeigt sich dann bei ihren Besuchen in großem Aktionismus. Sie haben jede Menge Ideen, was sie alles anders und besser machen würden, wie man sich besser verhalten könnte und dass der Zustand der Eltern doch gar nicht so schlimm ist. „Bei mir ist Mutter ganz klar.“ Für die Geschwister, die ständig da sind, ist das ein ziemlicher Schlag ins Gesicht. Es kommt so an, als ob sie nicht in der Lage wären, den Zustand der Eltern richtig zu beurteilen, oder als ob sie sich nicht richtig kümmern. Das ist total frustrierend.

Wenn Sie in der Nähe wohnen: Ihre entfernten Geschwister sind keine Gedankenleser. Sie wissen nicht, wie der tägliche Alltag mit Ihren Eltern aussieht und wie viele Aufgaben Sie mittlerweile übernommen haben. Sprechen Sie das vor einem Besuch an und bitten Sie am besten auch gleich um zukünftige Unterstützung. So kann sich der Besucher gleich einmal Gedanken machen.

Bedenken Sie auch, da Sie sich am meisten um Ihre Eltern kümmern, hat sich auch eine gewisse Routine eingeschlichen. Lehnen Sie die Vorschläge Ihres entfernten Geschwisters nicht automatisch ab, sondern überlegen Sie gemeinsam, was gut für Ihre Eltern sein könnte. Vielleicht ist ein kleiner Ausflug doch mal ganz bereichernd, auch wenn Sie Sorge haben, dass es Ihre Eltern überfordern könnte.

Außerdem: Gerade wenn Sie Ihre Eltern regelmäßig sehen, kann es sein, dass Ihnen schleichende Veränderungen gar nicht auffallen. Ihre weiter entfernt wohnenden Geschwister merken die Veränderung vielleicht eher, weil der Kontrast größer ist. Seien Sie auch hier offen für den Austausch.

Regelmäßiger Austausch: Regelmäßige Telefonkonferenzen helfen, um alle Beteiligten auf dem gleichen Stand zu halten. Damit Sie nicht immer den Stress mit der Organisation haben, vereinbaren Sie am besten einen festen Zeitpunkt, den sich alle einplanen können, z. B. jeder 1. Montag im Monat um 19 Uhr.

Hilfreiche WhatsApp-Gruppe: Statt WhatsApp können Sie auch andere Messengerdienste wie Telegramm oder Threema verwenden. Auch die Kommunikation per SMS passt für zwei Personen. Für mehrere wird das allerdings zu umständlich. Gerade, wenn Geschwister an unterschiedlichen Orten wohnen, kann eine solche Gruppe eine wertvolle Unterstützung zur Abstimmung untereinander sein. Veränderungen im Gesundheitszustand, Infos nach Arztbesuchen, Terminabstimmungen und Besorgungen können so ganz einfach mitgeteilt werden. Doch es ist ganz wichtig, dass Sie sich klare Regeln geben, wofür die Gruppe genutzt werden soll:

- Tägliche Info, wie es den Eltern geht, oder nur größere Veränderungen?
- Tägliche Info, wer was erledigt hat, oder nur Wichtiges?
- Dinge, die erledigt werden müssen?
- Abstimmung von Terminen für Ärzte oder Besuche?
- Gesundheitliche Infos?

- Sollen Fotos mitgeschickt werden?
- Wer gehört alles mit dazu? Vielleicht gibt es Informationen, die Sie nicht mit jedem teilen möchten?
- Welche Reaktion wird darauf erwartet? Ein Smiley, ein Dankeschön, oder gar nichts?

Das klingt vielleicht etwas bürokratisch, aber diese Gruppen können auch aus dem Ruder laufen und mehr Stress verursachen, als dass sie hilfreich sind.

Zum Beispiel, wenn Sie jeden Tag bei Ihren Eltern sind und dann abends auch noch einen Tagesbericht schicken müssen. Wenn Sie dann auch noch *gut gemeinte* Ratschläge von denjenigen bekommen, die sich am wenigsten kümmern, dann ist das ziemlich frustrierend.

Oder wenn Sie sich dafür rechtfertigen müssen, warum Sie sich noch nicht um etwas gekümmert haben.

Oder sie bekommen Vorwürfe, weil Sie das Ergebnis der ärztlichen Untersuchung nicht korrekt wiedergegeben haben.

Andere verteilen nur Aufträge „Jemand sollte sich mal kümmern".

Zusätzlich gibt es die Tendenz, dass diejenigen, die sich am wenigsten kümmern, in der Gruppe oft am aktivsten sind und für jede kleine Hilfeleistung oder den Besuch alle sechs Wochen in den Himmel gelobt werden wollen. Besonders *nett* wird es dann, wenn auf Facebook noch Fotos gepostet werden, um zu zeigen, wie aufopferungsvoll man sich um die Eltern kümmert.

Überlegen Sie sich also gut, wie und mit wem Sie die WhatsApp-Gruppe nutzen wollen. Bei einem unguten Gefühl sollten Sie das zügig mit den Geschwistern ansprechen. Oder Sie entscheiden sich, dass Sie sich nicht darüber ärgern werden.

Anerkennung: Die fehlende Anerkennung durch die anderen Geschwister ist oft ein großes Thema. Einfach mal zu hören bekommen: „Danke und toll, was du leistet. Wie kann ich dich unterstützen?"

Jeder von Ihnen kann etwas besonders gut, hat ganz besondere Stärken und Fähigkeiten. Was einem ganz leicht fällt, ist für den anderen ein riesiger Kraftaufwand. Wie schön, wenn das einmal bewusst gesehen wird.

- Eine kümmert sich souverän um den ganzen Papierkram,
- die andere ist immer da, wenn im Haushalt oder im Garten etwas zu tun ist;
- wieder einer hat besonders viel Geduld, wenn es um die Begleitung zu Arztbesuchen geht.

Haben Sie sich schon mal bei Ihren Geschwistern bedankt? Für all das, was sie für Ihre Eltern tun? Oft nimmt man vieles ganz selbstverständlich hin. Der Bruder, der die Mutter regelmäßig bekocht, die Schwester, die sich um die Einkäufe und den Haushalt kümmert, die Schwester, die sich geduldig die immer gleichen Geschichten anhört.

Manchmal bleibt diese Anerkennung leider aus schlechtem Gewissen aus. „Eigentlich müsste ich mich mehr kümmern, aber ich mache es nicht. Wenn ich mich jetzt dafür bedanken würde, dann müsste ich das vor mir selbst zugeben."

Die Wertschätzungsdusche

Diese Übung kann die Anerkennung auf sehr schöne Weise zum Ausdruck bringen. Sie benötigen dazu mindestens drei Personen. Teilnehmer A steht mit dem Rücken zu den anderen. Die anderen Teilnehmer versammeln sich in direkter Hörweite dahinter und unterhalten sich darüber, was sie an Teilnehmer A alles toll finden, was sie bewundern, was er alles leistet. Und zwar so, als ob er nicht im Raum wäre. Und Teilnehmer A steht da, hört zu und genießt. Nach 2 Minuten wird gewechselt und der nächste Teilnehmer darf sich unter die Wertschätzungsdusche stellen.

Eltern verhalten sich Ihren Kindern gegenüber unterschiedlich: Auch wenn es Ihre gemeinsamen Eltern sind – jeder von Ihnen hat eine ganz eigene Geschichte mit den Eltern. Wenn sich die Geschwister darüber nicht im Klaren sind, kann das zu vielen Missverständnissen und Irritationen führen. Aus Sicht der Eltern gibt es oft eine unausgesprochene Rangordnung innerhalb der Geschwister, die so aussehen kann:

Der *Sohn* steht ganz oben! Wenn er alle sechs Wochen mal vorbeischaut, dann wird er gefeiert. „Stell dir mal vor, wer mich gestern besucht hat! Dein Bruder! Der hat ja so viel zu tun und so eine wichtige Arbeit. Also dem kann man nun wirklich nicht noch zumuten, sich um mich zu kümmern."

Egal, ob die Söhne diese Sonderrolle wollen oder nicht. Für die Generation Ihrer Eltern war oft ein Sohn wichtiger als eine Tochter. Der Stammhalter. Es bringt als Tochter oft wenig, den Eltern beweisen zu wollen, dass man mehr macht als der Bruder. Ja, das ist ungerecht: Sie, die jeden zweiten Tag da sind, einkaufen, für Ordnung sorgen, Arzttermine regeln und noch mehr – Sie sind ja eh da. Das tut weh!

Es ist nicht so, dass Ihre Mutter jedes Mal vor Dankbarkeit niederknien soll, doch eine gewisse Anerkennung Ihres Einsatzes sollte doch drin sein. Nun, manchmal kommt nicht einmal das. Denn leider ist es häufig so: Je öfter Sie bei Ihren Eltern sind, umso selbstverständlicher wird das erwartet.

Hilfreich ist es da eher, sich gemeinsam mit dem Bruder darüber auszutauschen. Diesem ist diese „Prinzenrolle" auch oft peinlich, weil er weiß, dass Sie sich viel mehr um die Eltern kümmern. Wenn er dies offen anspricht, dann kann das die Situation oft entspannen.

Die verheiratete Tochter mit Kindern: „Deine Schwester – ja die hat doch die Kinder und sie muss sich um ihren Mann kümmern. Du kannst dir doch bestimmt denken, wie anstrengend das ist."

Unverheiratete Tochter ohne Partner und ohne Kinder, am besten noch in der Nähe wohnend: „Und du – du hast doch keine Kinder und keinen Mann – da hast du doch Zeit, dich um mich zu kümmern." Diese Tochter muss sich am meisten rechtfertigen, warum sie nicht für alle elterlichen Wünsche zur Verfügung steht.

Es bringt wenig, die Einstellung Ihrer Eltern ändern zu wollen. Viel sinnvoller ist die Abstimmung mit den Geschwistern und eine faire Verteilung der Aufgaben.

Das Gemeine an dieser Situation ist meist, diejenige, die am meisten zu tun hat, muss auch noch selbst aktiv werden, um die Unterstützung der anderen einzufordern.

Denn oft reicht es nicht aus, darauf zu warten, dass die Geschwister bemerken, dass Sie überfordert sind. „Du siehst doch, dass ich nicht mehr kann, dass ich es nicht schaffe." Klare Ansagen, klare Absprachen.

Und wenn Sie ganz ehrlich sind: Es kann Ihnen auch keiner etwas recht machen, oder? Solange Ihre Ansprüche so hoch sind, wie etwas gemacht werden muss, was genau zu tun ist, dass nur Sie wissen, was und wie Ihre Eltern es benötigen – nun, dann ist es kein Wunder, dass sich andere mit ihrer Hilfe zurückhalten. „Egal, was ich mache, es ist ja eh verkehrt …"

Überlegen Sie einmal, ob das auf Sie zutrifft. Und fragen Sie sich, ob die Dinge wirklich genau so und nicht anders erledigt werden dürfen. Wenn das so sein sollte – tja, dann sind sie wirklich die alleinige Expertin für Ihre Eltern und alle anderen können sich zurücklehnen.

Ich weiß, dass man da so langsam reinrutscht. Doch es liegt an Ihnen, die Notbremse zu ziehen. Bedenken Sie – das Kümmern um die Eltern ist kein Sprint, sondern ein Marathon.

Mir ist bewusst, dass es in vielen Familien unter den Geschwistern ganz wunderbar läuft und sich alle untereinander abstimmen, gegenseitig Unterstützung und eine wertvolle Energiequelle füreinander sind. Doch aus meinen Beratungen kenne ich leider auch das Gegenteil.

Wenn die Situation mit den Geschwistern eskaliert

Es gibt auch Situationen, die so verhärtet sind, dass sich die Geschwister gegenseitig anfeinden und das Leben schwer machen. Ein Gespräch mit einer neutralen Person kann da Klärung bringen und zumindest einen vernünftigen Weg aufzeigen.

Doch manchmal sitzen die gegenseitigen Verletzungen so tief, dass es zum aktuellen Zeitpunkt nicht möglich ist, eine gütliche Einigung zu finden. Der Ärger und das Unverständnis über das Verhalten der Geschwister kostet unglaublich viel Energie.

In dieser Situation empfehle ich meinen Klienten, sich von den Geschwistern so weit wie möglich zurückzuziehen und sich vorzustellen, sie seien ein Einzelkind. Und dass sie ihre wertvolle Energie erst einmal in das Kümmern um die Eltern stecken. Zu einem späteren Zeitpunkt ist dann vielleicht wieder eine Annäherung mit den Geschwistern möglich.

> **!** Sich mit den Geschwistern um die alten Eltern zu kümmern, kann sehr herausfordernd sein. Wenn Sie sich über Ihre Gefühle und Bedürfnisse im Klaren sind, gelingt es Ihnen besser, Ihren Geschwistern gelassener zu begegnen.

Einzelkinder: Wenn Sie ein Einzelkind sind, dann stehen Sie vor ganz anderen Herausforderungen. Sie spüren dieses überwältigende Gefühl, mit der großen Verantwortung für Ihre Eltern ganz alleine zu sein.

Oft wünschen Sie sich noch einen Bruder oder eine Schwester, mit dem/der Sie sich darüber austauschen können, was die richtigen Schritte sind. Jemand mit dem Sie Ihre Sorgen teilen können und sich gegenseitig trösten können.

Überlegen Sie einmal, was für Sie anders wäre, wenn Sie noch Geschwister hätten. Welches Gefühl, welcher Wunsch taucht da in Ihnen auf? Wenn es Ihnen gelingt, das in Worte zu fassen, dann können Sie ganz gezielt nach guten Verbündeten suchen. Nach Menschen, die Ihnen guttun, die Sie verstehen und mit denen Sie sich austauschen können. Für viele

Einzelkinder ist das die eigene Familie, Ehepartner oder Kinder. Und oft sind Einzelkinder auch ganz froh, dass sie selbst entscheiden können, ohne sich andauernd mit anderen abstimmen zu müssen.

Und falls Sie mal wieder ganz heftig den Wunsch nach geschwisterlicher Unterstützung verspüren, dann lesen Sie sich nochmal die Abschnitte über den Geschwisterstress durch, der Ihnen erspart geblieben ist.

7 Selbstfürsorge

„Du musst mal ausspannen“ – oder was hilft wirklich?

Selbstfürsorge ist in aller Munde und mittlerweile fast zum Klischee verkommen. Doch was genau bedeutet es? Selbstfürsorge ist jedenfalls so viel mehr als sich eine Massage oder ein Bad gönnen oder ein Wellnesswochenende zu buchen.

Klarheit, Mut und Erlaubnis

> **!** Selbstfürsorge braucht drei Dinge: Klarheit, Mut und Erlaubnis!

Klarheit, um zu entdecken, was Ihre eigenen Bedürfnisse sind, was Sie wirklich wollen und was Ihnen wirklich guttut.
Mut, zu sich und den eigenen Bedürfnissen zu stehen, auch wenn Ihre Entscheidungen und Ihr Verhalten negativ bewertet werden.
Erlaubnis: Die Erkenntnis, dass letztendlich nur Sie selbst sich diese Erlaubnis geben können.

Wenn Sie für sich Klarheit gefunden haben, was Sie wollen und brauchen, dann bieten Sie anderen keine Angriffsfläche mehr. So wie bei einer Teflonbeschichtung perlen alle Anforderungen an Ihnen ab. Und die andere Seite muss sich überlegen, wie sie darauf reagiert.

Wie kommen Sie zu dieser Klarheit? Schauen Sie sich noch einmal die Fragen aus Kapitel 2 an: „Warum will ich mich kümmern?“ Versuchen Sie, noch einmal genau zu beschreiben, was Ihre eigene Motivation ist, sich um die Eltern zu kümmern. Wie schon gesagt – je freiwilliger und selbstbestimmter Sie sich dafür entscheiden, umso mehr Energie haben Sie. Und diese Klarheit hilft Ihnen auch beim Kümmern um sich selbst.

Klarheit und Mut gegenüber den Eltern: Wie kann das aussehen? Wenn Sie sich klar sind, was Sie wollen, dann wird es auch leichter für Ihre Eltern, das zu akzeptieren. Überlegen Sie, was Ihnen wirklich guttun würde. Und dann erklären Sie dieses Bedürfnis innerlich als für Sie „nicht verhandelbar“.

Das heißt nicht, dass Ihre Eltern jubeln werden und alles gutheißen. Doch sie werden sich besser damit arrangieren können. Wenn es Ihnen zum Beispiel ganz wichtig ist, das Wochenende für sich zu haben, dann könnten Sie Ihren Eltern mitteilen: „Ich komme unter der Woche bei euch vorbei, doch am Wochenende nicht.“ Punkt.

Lassen Sie sich dann auf keine Diskussionen ein. Ihre Antwort auf sämtliche Einwände und Argumente ist stets: „Ich komme unter der Woche bei euch vorbei, doch am Wochenende nicht.“ Je klarer Sie in Ihrer Haltung sind, umso mehr geben Sie Ihren Eltern Gelegenheit, sich damit zu arrangieren und andere Lösungen für sich zu finden. Weitere Beispiele für klare Ansagen:

- Unsere Telefonate dauern maximal 15 Minuten.
- Ich komme jedes zweite Wochenende bei euch vorbei.
- Wenn ich zu dir komme, dann werde ich meine Zeit nicht mehr damit verbringen, die Wohnung zu putzen. Es wird Zeit für eine Putzhilfe.

Klarheit – was bedeutet das? Verbindliche Ansagen und klare Regeln

- Mein Wochenende gehört mir. Ich komme unter der Woche bei euch vorbei.
- Wenn ich zu dir komme, bleibe ich längstens bis 18 Uhr.
- Wenn ich von dir nur Vorwürfe höre und beschimpft werde, dann gehe ich.
- Tagsüber können wir nicht telefonieren. Zwischen 18 und 20 Uhr gerne.
- Ich bleibe grundsätzlich nicht länger als 2 Stunden.
- Vor 10 Uhr gehe ich nicht ans Telefon.

Sich selbst die Erlaubnis geben: Viele Elternkümmerer fragen sich „Darf ich es mir gut gehen lassen, wenn es meinen Eltern schlecht geht?" Das Leben ist voller Gegensätze und vielleicht haben Sie sich gerade verliebt oder tanzen für Ihr Leben gerne. Darf ich lachen, tanzen, mich verlieben? Oder ist das pietätlos, rücksichtslos meinen Eltern gegenüber? Ein ganz großes JA – Sie dürfen! Je besser es Ihnen geht, je ausgeglichener Sie sind, umso gelassener und hilfreicher können Sie Ihre Eltern unterstützen.

Suchen Sie sich Unterstützung

Freunde, bei denen Sie Dampf ablassen können, bei denen Sie sich ausheulen können, ohne viele Erklärungen abgeben zu müssen. Freunde, die Sie anfeuern und die für Sie da sind.

Menschen, die in einer ähnlichen Situation sind oder waren, sind eine weitere wertvolle Quelle der Unterstützung und Information.

Wenn Sie über Ihre Situation sprechen, werden Sie feststellen, dass es in Ihrem erweiterten Bekanntenkreis einige gibt, die in einer ähnlichen Situation sind oder es waren. Das können Arbeitskollegen, Nachbarn oder Vereinsmitglieder sein.

Das Erleichternde bei diesem Austausch ist, dass Sie nichts mehr erklären müssen. Sie fühlen sich verstanden und gesehen und erfahren eine große Anteilnahme. Sie bekommen wertvolle Tipps und Anregungen. Können Fragen stellen, bekommen eine Idee davon, was alles auf Sie zukommen könnte.

Gleichzeitig bekommen Sie auch ein Gefühl dafür, was bei Ihnen alles gut läuft und Ihnen vielleicht gar nicht so bewusst ist. Sie stellen fest, dass Sie anderen mit Ihrer Erfahrung weiterhelfen können, dass das, was Sie erleben, auch einen Wert für andere hat.

Und nicht zuletzt – der ganz besondere Humor untereinander, der dabei hilft, die manchmal absurden Alltagssituationen zu ertragen. Die Erkenntnis – Ich bin nicht allein mit diesem Thema. Anderen geht es auch so.

Angehörigengruppen können ebenfalls eine Quelle zum Auftanken sein. Schnuppern Sie mal in unterschiedliche Gruppen hinein und überlegen, ob das etwas für Sie ist.

Viele Gruppen haben vor allem die sich kümmernden Ehepartner als Zielgruppe. Obwohl es einige Überschneidungen gibt, sind die Sorgen und Nöte der Elternkümmerer doch noch einmal anders, da sie in der Regel nicht mit im Haushalt wohnen.

Webseiten, YouTube-Videos, Podcasts, Onlineberatung oder Facebook-Gruppen: Mittlerweile gibt es viele Möglichkeiten, sich online zu informieren und auszutauschen. Ich biete zum Beispiel eine Onlineberatung an und eine kostenfreie Facebook-Gruppe. Außerdem noch meinen Podcast für Elternkümmerer mit regelmäßigen Frage-Antwort-Episoden.

Sich mit jemand Neutralem austauschen: So wichtig es ist, sich bei guten Freunden ausheulen zu können, so hilfreich kann es sein, sich mit jemand Neutralem auszutauschen, der sich mit Ihnen zusammen Ihre Situation einmal ganz unparteiisch anschaut.

Das kann eine Beratungsstelle sein oder ein Coach. Jemand, mit dem Sie auch über Dinge sprechen können, mit denen Sie Ihre Familie nicht belasten wollen. Oder Themen, die Sie sich eigentlich noch gar nicht selbst eingestehen wollen. Dadurch bekommen Sie eine neue Sicht auf die Dinge, auf Ihre Situation. Sie finden ungewöhnliche Lösungswege und schauen auch mal auf die Bereiche, in denen Sie sich selbst im Weg stehen.

Menschen, die mit dem Thema gar nichts zu tun haben und die Ihre Situation auch gar nicht kennen. Auch wenn es guttut, sich mit anderen auszutauschen. Sie müssen nicht mit jedem über Ihre Situation reden.

Ganz im Gegenteil – es ist sogar wichtig, dass es auch Bereiche in Ihrem Leben gibt, in denen das Thema Eltern nicht vorkommt. Auch das gibt Ihnen Raum für eine bewusste Auszeit und ein Gefühl dafür, dass Sie auch noch ein eigenes Leben haben.

Das können Kollegen, Bekannte oder Vereinsmitglieder sein, mit denen Sie gemeinsame Interessen teilen und Dinge unternehmen.

Meiden Sie Menschen, die Ihnen nicht guttun und Sie runterziehen. Auch wenn ich sehr dafür plädiere, sich Unterstützung zu holen und sich mit anderen auszutauschen.

Es kann auch Menschen geben, die Ihnen in Ihrer aktuellen Situation nicht guttun. Seien Sie wachsam und halten Sie sich von diesen Menschen fern, ganz ohne schlechtes Gewissen.

Was meine ich mit nicht guttun? Es gibt Menschen, die geben ständig ungefragt Ratschläge, am liebsten in der Form von „Du musst das anders machen!" „Also ich weiß gar nicht, warum dich das so aufregt". Oder die darum konkurrieren, wem es am schlechtesten geht „Also deine Sorgen würde ich gerne haben, bei mir ist es noch so viel schlimmer!"

Auch notorische Pessimisten sollten Sie meiden (das gilt eigentlich immer!). Wenn Sie zum Beispiel von einem kleinen Erfolg berichten: „Meine Mutter kommt jetzt mit ihrem Rollator gut zurecht“, dann gibt es als Antwort nur „Ja, ja, das ging bei meiner Mutter auch fünf Tage gut und dann ist sie damit gestürzt. Jetzt liegt sie nur noch im Bett!“

Es gibt auch Menschen, die aktuell in einer ganz anderen Lebenssituation sind und die gerade gar kein Verständnis für Sie aufbringen können.

„Also mit meinen Eltern ist das gerade echt heftig und ich gehe auf dem Zahnfleisch“. „Ach das ist ja doof. Habe ich dir eigentlich schon von meinem Shoppingtrip nach Barcelona erzählt? Willst du beim nächsten Mal nicht mitkommen?“

Dann ist es auch ok, wenn Sie mal für eine Weile weniger Kontakt haben. Irgendwann entspannt sich Ihre Situation auch wieder und dann können Sie ja überlegen, ob Ihnen der Kontakt dann noch so wichtig ist.

Beobachten Sie sich. Wie geht es Ihnen nach einer Begegnung? Fühlen Sie sich unterstützt, aufgetankt, voller Energie und Zuversicht, einfach nur etwas hoffnungsvoller oder gestärkt?

Oder fühlen Sie sich ausgelaugt, gestresst, genervt? Wenn Ihnen das klar ist, ziehen Sie die Konsequenzen.

Wie gehen Sie mit Ihrer Zeit um? Wem schenken Sie Ihre Zeit, welchen Verpflichtungen gehen Sie nach, weil Sie da so reingerutscht sind? Was gibt Ihnen Energie und wo stecken die Energieräuber?

Praktische Hilfe in Anspruch nehmen: Besuchen Sie Pflegekurse und holen sich Informationen von Experten.

Individuelle Wohlfühlinseln entdecken und beschützen

Oder wie es eine meiner Klientinnen bezeichnet: „Mein kleines Geheimnis mit mir! Dieses kleine Geheimnis kann Ihnen immer wieder Kraft und einen Energiekick geben.

Wie sieht das aus? Es gibt auch in Ihrem vollgepackten stressigen Alltag immer wieder kleine Momente, die Sie sich bewusst erobern können.

In welchen Situationen?

- Sie sind auf dem wöchentlichen Weg zu Ihren Eltern.
- Ihre Mutter hat auf die Mailbox gesprochen und möchte sofort zurückgerufen werden.
- Sie kommen gerade von der Arbeit nach Hause und sehen die Nummer Ihres Vaters auf dem Display.
- Sie haben eine riesige To-do-Liste und hetzen durch die Stadt.
- Sie besuchen Ihren Vater im Krankenhaus.
- Sie kommen gerade vom Besuch Ihrer Mutter im Pflegeheim.

Was können Sie tun? Das Entscheidende ist: Reagieren Sie ganz bewusst nicht sofort auf diese Anforderungen von außen. Nehmen Sie sich ganz bewusst eine Pause, bevor Sie weitermachen. Diese kurzen Momente geben Ihnen das Gefühl, dass sie trotz allem noch selbst über sich und Ihre Zeit bestimmen können.

Ich weiß, Sie fragen sich jetzt, wie Sie das auch noch in Ihrem vollgestopften Terminkalender unterbringen sollen.

Es geht aber gerade nicht um ein weiteres To-do auf Ihrer Liste, sondern um einen bewussten Schritt aus diesem Abarbeitungsmodus und dem Gefühl, dass Ihr Leben nur aus unerledigten Dingen besteht.

Das Besondere dabei ist, diese Handlung ist absichtslos, verfolgt kein konkretes Ziel, ist vielleicht auch total unlogisch oder albern oder merkwürdig. Wie könnte das aussehen?

Obwohl Sie schon vor Ort sind, machen Sie noch einen Schaufensterbummel, setzen sich kurz in die Sonne, rufen nicht sofort zurück, gehen auf einen Spielplatz und schaukeln …

Je kindlicher Ihr Gefühl dabei ist, umso besser. So in der Art: „Hihi, wenn die anderen wüssten, dass ich jetzt hier bin, oder gerade das mache …"

Dieses kleine Geheimnis mit sich selbst muss auch gar nicht lange dauern. Die Wirkung spüren Sie den ganzen Tag über.

Ihre Mutter will, dass Sie zurückrufen? Nehmen Sie sich erst einmal Zeit, um in Ruhe einen Kaffee zu trinken und sich innerlich darauf einzustimmen.

Sie sind auf dem täglichen Weg zu Ihren Eltern? Seien Sie mutig – nehmen Sie einfach die übernächste U-Bahn und schenken sich dadurch Zeit für sich.

Sie fahren mit dem Auto zu Ihren Eltern? Halten Sie kurz vorher an einer schönen Stelle an und hören ganz bewusst Musik oder eine Meditation, die Ihnen guttut, die Sie runterbringt und erdet. Dann können Sie voller Energie und gestärkt weitermachen.

Sie rasen mit Ihrer To-do-Liste durch die Stadt? Setzen Sie sich bewusst für eine Tasse Kaffee und ein leckeres Essen hin, statt wie sonst mit einer Brezel und einem Coffee to go durch den Tag zu hetzen.

Sie besuchen Ihren Vater im Pflegeheim? Gönnen Sie sich vorher die neueste Ausgabe Ihrer Lieblingszeitschrift.

Energie tanken

Für eine kurze Auszeit, einen erfrischenden Energiekick und mehr Gelassenheit empfehle ich Ihnen eine kurze Meditation. Sie dauert nicht mal eine Minute und Sie können Sie mehrmals täglich in Ihren Tag einbauen. Sie basiert auf der Energy-Reboot-Übung des Coaches Georg Kao. Die einzige Herausforderung dabei ist es, sie auch zu machen.

Legen Sie Ihre Hände übereinander auf Ihr Herz und schließen Sie die Augen: Atmen Sie bewusst tief ein und aus.

Beim ersten Einatmen sagen Sie sich: „Liebe."

Beim Ausatmen sagen Sie sich: „Ich bin sicher."

Beim nächsten Einatmen sagen Sie sich: „Unterstützung."

Beim Ausatmen sagen Sie sich: „Danke!."

Beim nächsten Einatmen sagen Sie sich: „Lebensfreude."

Beim Ausatmen sagen Sie sich: „Ja!."

Falls Sie an der Kasse stehen oder beim Arzt warten, können Sie das auch nur in Gedanken tun.

Diese Übung dauert nur 30 Sekunden – setzen Sie sie immer dann ein, wenn Sie sich gestresst oder genervt fühlen oder wenn Sie aus Ihrem Gedankenkarussell aussteigen wollen. Je regelmäßiger und öfter Sie diese Übung machen, umso mehr werden Sie die positive Wirkung spüren.

Sie können diese Übung im Anhang jederzeit nachschlagen und unter www.reinhardt-verlag.de herunterladen.

Dinge, die Ihnen jetzt guttun

Schreiben Sie sich eine Liste mit all den Dingen, die Ihnen guttun und die Sie als Energietankstelle in den Tag einbauen können. Legen Sie sich diese Liste ins Portemonnaie oder notieren Sie sie in Ihrem Smartphone. Wir alle haben die Tendenz, dass wir genau dann am wenigsten daran denken, wenn wir es am meisten benötigen würden.

- Lassen Sie sich in einem Blumenladen von Düften und Far-

ben beschenken.
- Schlendern Sie durch eine Buchhandlung.
- Besuchen Sie eine Tierhandlung.
- Schaukeln Sie auf dem Kinderspielplatz.
- Setzen Sie sich mit geschlossenen Augen in die Sonne.
- Gehen Sie in einen Park oder Wald und umarmen einen Baum. (Ja, ich weiß, das hört sich klischeehaft an; doch es wirkt wirklich!)
- Setzen Sie sich an einen Fluss und schauen aufs Wasser.
- Nehmen Sie einen anderen Weg als sonst.
- Tauchen Sie in der U-Bahn mit Kopfhörern in klassische Musik ein.
- Schauen Sie sich ein lustiges Video bei YouTube an.
- Genießen Sie erotische sinnliche Tagträume.
- Stöbern Sie in einem Deko- oder Schreibwarenladen.
- Lassen Sie sich von schönen Dingen berühren.
- Sehen Sie sich inspirierende Bilder an, wie zum Beispiel meine Karten zu den Farben der Seele (www.petrawieschalla.de).

All diese Übungen und Vorschläge haben ein Ziel – Sie zu stärken und Ihnen Energie zu geben, damit Sie wieder handlungsfähig werden – raus aus der Opferrolle!

Wie sieht das jetzt ganz praktisch aus? Sie haben für sich festgestellt, was Sie ändern wollen, was Sie anders machen wollen, bei welchen Gelegenheiten und wem gegenüber Sie klare Grenzen setzen wollen.

Sie wissen sogar schon, wie genau sie vorgehen wollen. Sie wissen also genau, was zu tun ist – doch irgendwie bleiben Sie in der Planung hängen und machen diesen ersten Schritt nicht. Irgendetwas bremst Sie noch aus.

Ich kann Sie beruhigen – das ist ganz normal. Wenn Sie sich jahrelang schon so verhalten haben, dann können Sie nicht erwarten, dass Sie einfach so den Schalter umlegen können. Sie dürfen langsam und in kleinen Schritten in dieses neue Verhalten reinwachsen. Eine wichtige Frage möchte ich Ihnen dafür mitgeben:

Von wem brauchen Sie die Erlaubnis, sich anders verhalten zu dürfen? *Lassen Sie sich Zeit für diese Frage.*

Nehmen Sie sich ein Notizbuch und schreiben einmal alle auf, die Ihnen die Erlaubnis geben sollen. Und auch warum.

Sind es Ihre Eltern, die Ihnen sagen sollen, Kind, ist gut, wenn du nicht mehr so oft vorbeikommst. Es soll dir gutgehen.

Ist es die Gesellschaft, die von Ihnen verlangt, dass Sie jeden Tag Ihre Mutter besuchen?

Ist es Ihre Familie?

Es kann auch eine Mischung von unterschiedlichen Personen sein.

Sie können sich diese Frage immer wieder stellen und beobachten Sie, was sich verändert.

Je mehr Sie für sich selbst einstehen, umso mehr kristallisiert sich die Erkenntnis heraus – die einzige Person, die Ihnen die Erlaubnis geben kann, sich gut um sich selbst zu kümmern – sind Sie selbst.

Und wenn Sie sich selbst dann wirklich diese Erlaubnis geben, dann können Sie in aller Klarheit und Liebe zu sich und Ihren Bedürfnissen stehen und anderen klar und mutig Grenzen setzen.

Im Anhang und unter www.reinhardt-verlag.de finden Sie eine Reihe von stärkenden Sätzen zum Nachlesen und Herunterladen.

8 Konfliktsituationen mit den alten Eltern gut begegnen

Zusätzlich zu all dem Organisieren, den vielen Sorgen, die Sie sich machen, gibt es dann auch noch die stressigen und nervigen Situationen mit Ihren Eltern.

Mir ist eines ganz wichtig: Bitte verstehen Sie die nachfolgenden Ideen, Tipps und Anregungen nicht als weiteres To-do auf Ihrer sowieso schon vollen Liste.

Es geht mir auch nicht darum, das Verhalten Ihrer Eltern zu entschuldigen. Ich möchte Ihnen einige Erklärungen liefern, warum sich Ihre Eltern so verhalten.

Durch dieses Verständnis können Sie besser mit der Situation umgehen und kämpfen nicht ständig gegen Windmühlen oder rennen dauernd gegen die Wand. „Das habe ich dir schon tausendmal gesagt!". Denn wenn das wirklich so ist, dann wird es höchste Zeit, etwas zu ändern.

Die schlechte Nachricht und eine harte unbequeme Wahrheit: Es werden nicht Ihre Eltern sein, die etwas ändern, sondern das ist Ihre Aufgabe. Die gute Nachricht: Sie haben es selbst in der Hand, die Situation für sich zu entspannen.

Alte Eltern verstehen – Konflikte und Kommunikation

„Warum hören meine Eltern nicht auf mich!?“

Ich frage Sie: Warum sollten sie es? Ihre Eltern haben es den größten Teil ihres Lebens auch ohne Sie und Ihre Ratschläge geschafft. Hören Sie denn auf Ihre Eltern?

Wir haben ein ganz genaues Bild davon, wie sich unsere Eltern verhalten sollen. Wir wissen genau, was wir von ihnen erwarten und diese Erwartung sollen sie erfüllen. Doch genau in dieser Erwartungshaltung liegt die Grundlage für unsere Konflikte mit ihnen.

Wann haben Sie Ihre Eltern das letzte Mal um Rat gefragt? Für viele eine fast absurde Idee. „Meine Eltern haben eh` keine Ahnung von mir und meinem Leben, was können die mir schon raten.“ Lassen Sie sich überraschen. Denn bei all den vielen Dingen, die es zu organisieren gilt, vergisst man oft, dass die eigenen Eltern auch einen großen Erfahrungsschatz haben, der brach liegt. Fragen Sie doch mal Ihre Mutter, wie sie in der Situation handeln würde, die Ihnen in Ihrem Leben gerade Probleme bereitet. Oder einfach nach einem guten Tipp, wie man Marmelade einkocht, ohne dass sie schimmelig wird.

Was nervt bei den Eltern ganz besonders?

Vieles, was uns an den Eltern nervt, hat eine lange Geschichte, die oft bis in unsere Kindheit zurückgeht. Für den einen ist es die Frage „Wann gehst du denn wieder mal zum Friseur?“, für die andere: „Meinst du nicht, dass dir die Hose etwas zu eng ist?" Für viele ist es auch schon die Begrüßung: „Dass du dich mal wieder blicken lässt!"

Was allen diesen Aussagen gemeinsam ist: Sie drücken unsere Knöpfe und wir reagieren darauf wie die Pawlowschen Hunde. Diese Sätze katapultieren uns sofort wieder in unsere Kindheit und wir fühlen uns wie damals: Unverstanden, ungeliebt, nichts können wir den Eltern recht machen!

Jeder hat seine ganz eigenen „Da-muss-ich-mit-den-Augen-rollen-Sätze". Das Interessante daran – was den einen auf die Palme bringt, nimmt der andere ohne Stress und mit einem Achselzucken zur Kenntnis. Welche Sätze sind es bei Ihnen?

Zusätzlich gibt es aber auch Verhaltensweisen, die uns nerven und die wir einfach nicht nachvollziehen können.

Auch hier gilt wieder: Wenn Sie verstehen, warum Ihre Eltern sich so verhalten, dann können Sie gelassener damit umgehen.

Generell altersbedingte Veränderungen

Altersbedingt wird der Erlebnishorizont Ihrer Eltern kleiner und die Ich-Bezogenheit größer, so wie Sie es zum Beispiel von Jugendlichen in der Pubertät kennen.

Je eher Sie diese Entwicklung akzeptieren, umso weniger müssen sie dagegen ankämpfen.

Selbstbestimmung und Autonomie: „Meine Eltern lassen sich von mir einfach nichts sagen."

Fehlende Kooperation: „Meine Mutter muss sich mehr bewegen! Aber sie macht es einfach nicht."

Unpassendes Verhalten: „Meine Eltern benehmen sich total peinlich." Wir finden die 98-jährige Stilikone Iris Apfel cool und bewundern ihre Extravaganz – doch wenn die eigene Mutter nicht unserem genauen Bild entspricht, dann finden wir das einen Grund zum Fremdschämen.

Was soll ich beim Seniorennachmittag – da sind ja nur alte Leute: „Meine Eltern wollen einfach nicht unter Leute gehen."

Eigensinn: „Mein Vater ist ganz wackelig auf den Beinen. Er sollte nicht mehr in den Keller gehen.“ Eltern haben das Recht darauf, hinzufallen. Sie können Ihnen nicht das Leben verbieten.

Maßlosigkeit: „Meine Mutter sieht nur noch sich und ihre Wünsche.“ „Sie erwartet von mir, dass ich rund um die Uhr für sie da bin. Das kann sie doch nicht machen!!!“ Die realistische Einschätzung der Situation fällt den Eltern immer schwerer. So kommt es dann zu Aussagen, wie „Ich bin doch ganz pflegeleicht. Mit mir hast du doch nicht viel zu tun, ich falle dir doch nicht zur Last, oder?“

Alte Ehepaare

„Dauernd streiten sich meine Eltern.“ „Meine Mutter hat das Sagen und mein Vater lässt alles mit sich machen. Ständig bevormundet sie ihn und er kann nicht mal selbst entscheiden, was er am liebsten im Fernsehen sieht.“

„Mein Vater sitzt den ganzen Tag auf dem Sofa und lässt sich bedienen.“ Als erwachsene Kinder erleben wir diese Situationen als ziemlich heftig.

Wir wollen unsere Mutter, unseren Vater in Schutz nehmen, wir wollen das Beste für sie. Doch wenn wir ganz ehrlich mit uns selbst sind, dann wollen wir vor allem, dass sich unsere Eltern so verhalten, wie wir uns selbst unser Leben vorstellen.

Mehr Selbstständigkeit und Unabhängigkeit für Ihre Mutter, mehr Mithilfe im Haushalt durch Ihren Vater. Insgesamt viel mehr Bewegung, mehr Unternehmungen, mehr Ausflüge, mehr Kultur.

Doch das ist nicht das Problem Ihrer Eltern. Es ist Ihr Problem. In den langen Jahren ihrer Ehe haben Ihre Eltern sich gemeinsam eingerichtet. „In guten und in schlechten Zeiten.“

Ihr Zusammensein gibt ihnen Halt und Struktur. Es kann sein, dass Ihnen das total spießig und langweilig vorkommt. Diese eingespielten Rollen, die jeder im Laufe seines Lebens angenommen hat. Solange sich die beiden gegenseitig haben, können Sie auch ihre Defizite ausgleichen und für sich sorgen. Es füllt ihren Alltag aus und gibt ihnen einen Sinn.

Auch wenn sich Ihre Eltern von außen betrachtet vielleicht nicht guttun und Sie selbst auf keinen Fall in so einer Beziehung leben wollen – es bringt nichts, wenn Sie es ständig kritisieren oder sich einmischen. Das erzeugt nur Widerstand.

Sie kennen das doch bestimmt auch von sich selbst. Auch wenn Sie vielleicht Zweifel an Ihrer Beziehung haben, sobald ein ungebetener Ratschlag von Ihren Eltern dazu kommt, gehen Sie in Abwehrstellung und wollen davon nichts hören.

Was Sie aber tun können: Suchen Sie das Gespräch mit Ihrer Mutter oder Ihrem Vater. Und fragen Sie sie einfach mal, wie es ihnen geht. Und zwar wirklich und erst gemeint.

„Wie geht es dir wirklich? Was beschäftigt dich?“ Sagen Sie Ihrem Vater, dass Sie das Verhalten Ihrer Mutter schwierig finden und fragen Sie ihn, wie er so gut damit umgehen kann. Ob er vielleicht Tipps für Sie hat. Wer weiß, vielleicht erhalten Sie ganz überraschende Antworten.

Falls dabei aber herauskommen sollte, dass Ihre Mutter oder Ihr Vater wirklich überfordert ist, so überlegen Sie gemeinsam, wie eine gute Unterstützung aussehen könnte. Auch wenn Sie ganz tolle Ideen haben, entscheiden Sie nichts über die Köpfe Ihrer Eltern hinweg. Sonst heißt es gleich wieder: „Misch dich nicht ein!“

Es ist normal, dass das Gefühl der Überforderung schwankt. An manchen Tagen klagt Ihre Mutter vielleicht, dass sie es nicht mehr schafft, sich um Ihren Vater zu kümmern. Wenn Sie sie dann einige Tage später mit konkreten Hilfsangeboten darauf ansprechen, dann ist das alles nicht mehr so dramatisch. „Danke dir, aber ich schaffe das schon alleine.“

Schauen Sie trotzdem immer wieder mit einem frischen Blick auf die Situation. Denn wenn ein Elternteil langsam pflegebedürftig wird und der andere diese Pflege übernimmt, dann kann das gewohnte Gleichgewicht schnell in eine Schieflage geraten.

„Es geht doch noch, ich schaff das alleine, ich muss mich doch um meinen Mann kümmern“, „meine Frau braucht mich doch“. In der Generation Ihrer Eltern war es noch selbstverständlich, dass man sich um den Ehepartner kümmert und sich, wenn nötig, sogar für ihn aufopfert.

Das kann dann so aussehen, wie bei der Mutter einer Klientin – erst als sie einen Kreislaufzusammenbruch hatte und dachte, dass sie sterben muss, erst danach hat sie es sich eingestanden, dass sie mit der Pflege ihres demenzkranken Ehemannes überfordert war und nicht mehr kann.

Es ist auch hier eine Gratwanderung zwischen Einmischung und notwendiger Hilfestellung. Respektieren Sie die Bedürfnisse Ihrer Eltern nach Selbstständigkeit und Unabhängigkeit. Bleiben Sie trotzdem wachsam, ob sich die Situation verändert und bieten Sie immer wieder Ihre Hilfe an.

Vielleicht hat eine neutrale Person, die etwas Abstand hat, einen besseren Zugang. Eltern wollen ihre Kinder oft schonen und nicht belasten.

Bieten Sie regelmäßig Ihre Hilfe an, am besten in Bereichen, die den Eltern eher lästig sind oder nicht so wichtig – Altglas wegbringen, Getränke einkaufen, Rasen mähen. Wenn Sie für mehrere Tage kommen, dann überlegen Sie, ob Sie dieses Mal in einem Hotel übernachten, statt sich wie sonst immer ins gemachte Nest zu legen: „Wir kommen dann wieder für drei Tage zu euch. Das ist doch ok, oder?“

Exkurs: Autofahren im Alter

„Ich fahre doch nur kurze Strecken und kenne den Weg!“ Willkommen zu dem brisanten Thema „Alte Eltern und Autofahren“! Es ist wichtig, das Autofahren im Alter frühzeitig und immer wieder anzusprechen. Fragen Sie Ihre Eltern doch einfach mal, was sie machen würden, wenn Sie nicht mehr Auto fahren könnten. Für ganz viele liegt dieser Zeitpunkt noch in weiter Ferne. Und selten gibt es konkrete Pläne und Ideen.

Schauen wir uns zuerst die Sicht Ihrer Eltern an

Noch selbst Auto zu fahren ist ein hoch emotionales Thema mit ganz unterschiedlichen Facetten. Es geht dabei nicht nur darum, von A nach B zu kommen. Es geht um so viel mehr.

Selbstbestimmung und Freiheit: „Ich will selbst entscheiden, wann ich wohin fahre."

Unabhängigkeit: „Ich will auf niemanden angewiesen sein."

Angst vor dem Verlust sozialer Kontakte: „Was soll denn werden, wenn ich meine Freunde nicht mehr besuchen kann?"

Angst vor Gesichtsverlust: „Was sollen denn meine Freunde sagen, wenn ich nicht mehr Auto fahren kann."

Selbstwertgefühl: „Wenn ich meine Frau nicht mal mehr zum Friseur fahren kann, was bin ich dann noch wert?"

Versorgung: „Und wie soll ich dann Einkaufen? Wie kommen wir zum Arzt, zur Apotheke und ins Theater?"

Angst vor dem Alter: „Wenn ich nicht mehr Auto fahren kann, dann bin ich wirklich alt und gehöre zum alten Eisen."

Stolz: „Ich lasse mir doch von meinen Kindern nicht das Autofahren verbieten! Soweit kommt es noch!"

Selbsteinschätzung: „Ich fahre seit 40 Jahren unfallfrei!"

Selbstberuhigung: „Ich fahre doch nur kurze Strecken und kenne den Weg"

Taxifahren als Alternative: „Ein Taxi? Das ist doch viel zu teuer. Das nehme ich nur im Notfall!"

Für die Generation Ihrer Eltern ist das Taxifahren ein absoluter Luxus. Und der *Notfall* tritt eigentlich nie ein. Lieber verzichtet man auf den Stadtbummel oder den Besuch bei Freunden, als sich ein Taxi zu leisten. Oder man hat Mitleid mit dem Taxifahrer: „So eine kurze Strecke lohnt sich doch gar nicht für ihn. Da hätte ich ein schlechtes Gewissen." Lieber schleppt man sich zu Fuß den anstrengenden Berg hoch. Die Taxinutzung kommt für die meisten Eltern einfach nicht in frage. Und zwar unabhängig davon, ob sie es sich leisten können oder nicht. Auch das Vorrechnen der Ersparnis gegenüber einem Auto mit Versicherungen, Abnutzung und Benzin verpufft.

Frauen und Autofahren: Für Frauen hat der Führerschein noch eine ganz besondere Bedeutung. Als Ihre Mutter damals den Führerschein gemacht hat, war das noch nicht selbstverständlich und normal. Es war für sie ein wichtiger Akt der Emanzipation. Ein ganz bewusster Schritt in die Selbstbestimmung. Der Führerschein ist ihr Symbol für Unabhängigkeit und Freiheit.

Ehepaare: Wenn nur ein Elternteil noch fahren kann, der andere nicht mehr, dann wird es noch herausfordernder. Denn Sie müssen irgendwie beide überzeugen. „Papa sieht zwar nicht mehr so gut, aber ich sage ihm immer, ob die Straße frei ist."

Selbstverzicht: Untersuchungen haben ergeben, dass die meisten Senioren erst nach einem selbstverschuldeten Unfall daran denken würden, das Autofahren aufzugeben.

Gratwanderung zwischen Selbstbestimmung und Fremdgefährdung

Das sind natürlich alles wichtige Gründe, die für das Autofahren sprechen. Doch es geht hier eben nicht nur um die Bedürfnisse Ihrer Eltern, sondern auch um die mögliche Gefährdung anderer Menschen.

Ihre Eltern kennen jeden Handgriff beim Autofahren und wissen genau, *wie* man ein Auto fährt. Doch das Autofahren verlangt auch ein schnelles Reaktionsvermögen und rasche Entscheidungen. Wenn das nachlässt, nimmt die Gefahr eines Unfalls zu.

Die längere Reaktionszeit und die falsche Einschätzung von unübersichtlichen Verkehrssituationen sind der häufigste Grund für Unfälle im Alter. Falsches Abbiegen, unbedachtes Überholen oder Nichtbeachtung des toten Winkels. Oft kommt es auch zu schweren Unfällen auf Parkplätzen, weil Gas und Bremse verwechselt werden.

Wie sieht das bei Ihren Eltern aus?

Die folgende Liste soll Ihnen bei einer Einschätzung helfen.

Welches Verhalten haben Sie in letzter Zeit bezüglich des Fahrstils Ihrer Eltern bemerkt?

- Der Weg zu bekannten Zielen wird nicht mehr gefunden.
- Es werden Verkehrsschilder und rote Ampeln übersehen.
- An Kreuzungen wird falsch abgebogen oder nicht auf Rechts vor Links geachtet.
- Situationen werden nicht mehr richtig eingeschätzt.
- Nicht mehr wissen, wo das Auto geparkt ist.
- Unangemessen schnelles, langsames oder unentschlossenes Fahren.
- Zur besseren Orientierung wird auf dem Trennstreifen gefahren.
- Verwirrte und ungewohnt heftige Reaktionen während des Fahrens.
- Der Bordstein wird öfters mitgenommen.
- Das Auto und die Garage haben vorne und hinten Schrammen und Beulen.
- Es gibt Schwierigkeiten, die Fahrspur zu halten.
- Gas- und Bremspedal wird verwechselt.
- Routinefahrten dauern viel länger als normal.
- Eigentlich gibt es keine direkten Anzeichen für ein unsicheres Fahren. Das Verhalten und die Einschränkungen in anderen Lebensbereichen geben aber Grund zur Sorge.
- Wenn eine Demenz diagnostiziert wurde, sollten die behandelnden Ärzte unbedingt mit einbezogen werden.

Falls Sie sich immer noch unsicher sind, beantworten Sie sich diese Frage:

„Würden Sie bedenkenlos Ihr Kind oder einen geliebten Menschen mit Ihrem Vater oder Ihrer Mutter fahren lassen?“

Was können Sie jetzt tun?

Wenn Sie nach der Beantwortung der Fragen begründete Zweifel an der Fahrtüchtigkeit Ihrer Eltern haben, sollten Sie Ihre nächsten Schritte gut überlegen.

Fallen Sie nicht mit der Tür ins Haus. Es geht darum, gemeinsam mit Ihren Eltern eine Lösung zu finden. Auch hier gilt die Freiwilligkeit, von der ich im ersten Kapitel geschrieben habe. Wenn es gemeinsam gelingt, dass Ihre Eltern freiwillig auf das Autofahren verzichten, können viele Konflikte vermieden werden.

So wie bei der Familienkonferenz aus Kapitel 5 überlegen Sie erst einmal ohne Ihre Eltern, was es ganz konkret bedeuten würde, wenn Ihre Eltern nicht mehr mit dem Auto fahren. Gerade in ländlichen Gegenden gibt es kaum noch einen Lebensmittelladen oder ein Restaurant im Ort. Das Gleiche gilt für Ärzte oder Apotheken.

Folgende Punkte sollten Sie besprechen:

- Wie soll die Versorgung sichergestellt werden?
- Wie können Arztbesuche ermöglicht werden?
- Wie können Besuche bei Freunden organisiert werden?
- Wer könnte wie unterstützen?
- Wer ist am besten geeignet, das Thema anzusprechen?

- Sind sich alle darüber einig? Gerade unter Geschwistern gibt es häufig unterschiedliche Einschätzungen.
- Ist die BahnCard 100 oder ein Seniorenticket eine Alternative?
- Wie sieht die Anbindung an öffentliche Verkehrsmittel aus?
- Könnte man mit dem Taxidienst eine Taxiflatrate vereinbaren?
- Könnten Nachbarn oder Freunde einige Fahrten übernehmen?
- Welche Lieferdienste gibt es?
- Gibt es Angebote der Stadt oder von Vereinen, z.B. Einkaufsbus oder Ausflugsfahrten?
- Wie sieht das Essen-auf-Rädern-Angebot aus?
- Könnte man ein Essensabo mit dem Italiener oder der Metzgerei mit Mittagstisch vor Ort vereinbaren?

Überlegen Sie, ob Sie Ihren Eltern einige Besorgungen abnehmen können oder einen Lieferservice organisieren. Doch bedenken Sie auch, dass es zur Lebensqualität gehört, selbst einkaufen zu können.

Das Gespräch mit den Eltern

Wenn Sie begründete Befürchtungen haben, dass Ihre Eltern nicht mehr sicher Auto fahren können, dann sollten Sie mit Ihren Eltern reden. Denn sie müssen auch an die Gefährdung anderer denken. Das oberste Ziel sollte immer sein, Ihre Eltern so gut wie möglich dastehen zu lassen, und Ihnen zu ermöglichen, das Gesicht zu wahren. Geben Sie Ihren Eltern das Gefühl, dass Sie gemeinsam entscheiden wollen und nicht über sie bestimmen.

Reden Sie nie davon, dass Ihre Eltern den Führerschein abgeben sollen! Das gibt noch zusätzlich Stress. Der Führerschein ist heilig. Reden Sie davon, das Autofahren einzuschränken oder darauf zu verzichten.

Die folgenden Tipps sollen Ihnen zeigen, was Sie alles ausprobieren können.

An das Verantwortungsbewusstsein Ihrer Eltern appellieren: „Du hast jetzt schon zweimal eine rote Ampel übersehen. Mir ist auch aufgefallen, dass das Auto ziemlich viele Beulen hat. Meinst du nicht, dass es besser wäre, das Autofahren sein zu lassen? Bevor noch etwas passiert?

Zeigen Sie Verständnis dafür, dass das eine harte Entscheidung ist. „Ich verstehe, dass das schwer für dich ist, aber was ist, wenn du nicht mehr rechtzeitig bremsen kannst und eine Mutter mit ihrem Kind überfährst?“

Vielleicht sind Ihre Eltern froh, dass Sie das Thema ansprechen, weil sie sich selbst schon Gedanken darüber gemacht haben. Doch in den wenigsten Fällen ist die Antwort darauf: „In Ordnung – ich lass es sein“. Viel eher wird es heißen: „Du willst mich wohl entmündigen?! Ich fahre seit 40 Jahre unfallfrei und besser als die ganzen Fahranfänger.“ Versuchen Sie, ruhig zu bleiben, und teilen Sie Ihre Beobachtungen der letzten Zeit mit. Sprechen Sie das Thema immer wieder an.

Auf öffentliche Verkehrsmittel umsteigen: Es gibt Senioren, die sich ganz bewusst und freiwillig dafür entscheiden, nicht mehr Auto zu fahren. Voller Stolz geben sie beim Straßenverkehrsamt Ihren Führerschein ab und zeigen dort ihre BahnCard 100 vor. Viele Städte und Bundesländer bieten attraktive vergünstigte Seniorentarife für den ÖPNV an.

Den Hausarzt und andere Autoritäten einbeziehen: Machen Sie einen Termin mit dem Hausarzt und informieren Sie ihn über Ihre Bedenken. Vielleicht kann er Ihre Eltern davon überzeugen, dass sie aus medizinischer Sicht nicht mehr Auto fahren dürfen. Erfahrungsgemäß gelten die Argumente anderer Autoritäten viel mehr, als die der eigenen Kinder.

Wenn der Arzt mitteilt: „Sie dürfen wegen Ihrer Herzprobleme nicht mehr selbst Auto fahren", macht das auf jeden Fall nachdenklich. Allerdings wird das für kurze Strecken häufig ignoriert: „Ich kenne ja den Weg."

Zusätzlich zum Arzt können Sie auch mit dem Optiker oder Hörgeräteakustiker Kontakt aufnehmen. Wenn Ihre Eltern von unterschiedlichen Seiten angesprochen werden, denken sie vielleicht eher darüber nach.

Eine Fahrstunde nehmen: Überzeugen Sie Ihre Eltern, eine Fahrstunde oder ein Fahrsicherheitstraining mit einem Fahrlehrer durchzuführen. Wenn Ihr Vater dann offiziell erfährt, dass er in Zukunft nicht mehr fahren sollte, fällt es ihm leichter, das zu akzeptieren. Allerdings sollten Sie darauf achten, dass der Fahrlehrer auch die altersbedingte Reaktionsfähigkeit und Orientierung überprüft. Sonst lautet das Ergebnis: „Mensch, toll, was Sie in Ihrem Alter noch alles können!"

Das Auto anderen überlassen: Appellieren Sie an die Hilfsbereitschaft Ihrer Eltern. Die Enkelin, der Schwiegersohn oder jemand anderes in der Familie benötigt dringend ein Auto und möchte es sich eine Weile ausleihen.

Diese elegante Methode setzt auf die Freiwilligkeit Ihrer Eltern und gibt ihnen das gute Gefühl, etwas Sinnvolles zu tun und helfen zu können. Außerdem können sie ihren Freunden von ihrer guten Tat berichten. Das ist viel angenehmer als „Meine Kinder haben mir das Autofahren verboten."

Und wenn das alles nicht hilft? Wenn Ihre Eltern weiterhin nicht einsichtig sind und sich ihr Fahrverhalten verschlimmert, wenn es sich vielleicht schon um eine fortgeschrittene

Demenz handelt, dann müssen Sie zu drastischeren Mitteln greifen. Und es sind dann auch kleine Tricks und Notlügen gerechtfertigt.

Versuchen Sie dabei immer so zu handeln, dass Ihre Eltern nicht direkt auf Sie sauer sind. Das kann sonst die weitere Beziehung extrem belasten.

Sie sollten zum Beispiel auf keinen Fall Ihren Eltern den Autoschlüssel abnehmen oder das Auto sogar verkaufen. Das fühlt sich für Ihre Eltern zu Recht wie ein Freiheitsentzug oder eine Entmündigung an. Mögliche Vorgehensweisen sind:

Sie parken das Auto außer Sichtweite: Vielleicht ist dann der Anreiz geringer, mit dem Auto fahren zu wollen.

Verlorengegangenes Auto: Wenn Ihr Vater oder Ihre Mutter nicht mehr wissen, wo sie das Auto geparkt haben – lassen Sie es erst mal da, wo es ist.

Das Auto springt nicht mehr an: Sie sorgen dafür, dass das Auto einfach nicht mehr anspringt. Ob leere Batterie, Marderbiss oder sonstige Probleme. Suchen Sie sich dazu einen Verbündeten in einer Autowerkstatt oder beim Abschleppservice. Die Mitteilung, dass es sich um ein größeres Problem mit langer Reparaturzeit oder hohen Kosten handelt, kann dafür sorgen, dass die Entscheidung gegen eine Reparatur oder ein neues Auto fällt. Denn diese Sachzwänge werden eher akzeptiert.

Meldung bei der Führerscheinstelle: Sie können sich an die Führerscheinstelle, die Fahrerlaubnisbehörde wenden und Ihren Zweifel an der Fahreignung Ihrer Eltern mitteilen. Diese Behörde wird dann eine Einladung zur Medizinisch-Psychologischen Untersuchung (MPU) – immer noch bekannt als „Idiotentest“ – an Ihre Eltern verschicken. Das ist mit Kosten und Aufwand verbunden und oftmals geben die Eingeladenen dann von sich aus den Führerschein ab.

Wichtig dabei: Derjenige, der die Meldung macht, erscheint in der Anzeige. Deshalb bitten Sie am besten jemanden, den Ihre Eltern nicht kennen, diese Meldung bei der Behörde zu machen. Nichts ist schlimmer, als von den eigenen Kindern angezeigt zu werden. Das kann ein unwiederbringliches Zerwürfnis zur Folge haben.

Kann die Polizei helfen? Die Polizei kann erst tätig werden, wenn etwas passiert ist. Wenn sie Ihre Eltern bei einem Verkehrsverstoß beobachtet, etwa wenn Ihre Eltern bei Rot über eine Ampel fahren oder einen Unfall verursachen. Danach wird es eine Einladung zur MPU geben.

> Autofahren im Alter ist ein sensibles Thema. Für Ihre Eltern steht es für Selbstbestimmung und persönliche Freiheit. Das aufzugeben ist ein großer Schritt. Auf der anderen Seite müssen Sie auch an die Gefährdung anderer denken. Wenn Sie sich darüber im Klaren sind und Ihren alten Eltern dabei helfen, ohne Gesichtsverlust auf das Autofahren zu verzichten, so ist allen geholfen. Auch wenn Sie zu einer Notlüge greifen müssen. Das Thema ist extrem wichtig – bleiben sie dran!

Im Anhang und unter www.reinhardt-verlag.de finden Sie diese Punkte zum Autofahren auch noch mal als Checkliste.

Stressauslösendes Verhalten der Eltern

Warum bringt Sie das Verhalten Ihrer Eltern auf die Palme? Was ist der Grund dafür? Warum sind Sie davon genervt und jemand anderes nicht?

Die schlechte Nachricht – sehr wahrscheinlich werden Sie Ihre Eltern nicht ändern können. Sonst hätte das bis jetzt schon funktioniert.

Die gute Nachricht – Sie haben es in der Hand, wie Sie in Zukunft darauf reagieren wollen.

Doch je mehr Sie verstehen, aus welchem Grund sich Ihre Eltern so verhalten, um so besser können Sie damit umgehen.

Versuchen Sie, Verständnis zu entwickeln und fragen Sie sich: Unter welchen Umständen würde dieses Verhalten einen Sinn ergeben. Werden Sie zum Forscher, zum Detektiv, um sich aus Ihrer Genervtheit zu befreien und zu einem besseren Miteinander zu kommen.

Zusätzlich zu den altersbedingten Veränderungen, gibt es Verhaltensweisen, die Sie schon immer genervt haben. Das sind Themen, die Sie schon seit der Kindheit begleiten. Es kann mit zunehmendem Alter dazu kommen, dass sich dieses Verhalten noch verstärkt.

Bei den Eltern kommen alte Ängste und unverarbeitete Situationen wieder hoch. Vieles davon können Sie sich erschließen, wenn Sie sich etwas näher mit der Geschichte Ihrer Eltern befassen.

Exkurs: Kriegskinder

Generation Kriegskinder – die Kindheitserlebnisse wirken bis heute

Erst seit ungefähr 2010 ist die Kriegskinderthematik einem breiteren Publikum bekannt geworden. Man geht davon aus, dass bis zu 60 Prozent der zwischen 1927 und 1947 geborenen als Kriegskinder im Zweiten Weltkrieg und der Zeit danach traumatisiert worden sind.

Traumatisierende Erfahrungen:

- Trennung von den Eltern oder Geschwistern
- Bombenangriffe
- Vergewaltigungen (bis zu 2 Millionen Frauen)
- Verlust von Angehörigen
- Zeuge von Verwundungen und Gewalt
- Ständiger Hunger
- Verlust der Heimat
- Flucht und Vertreibung (12 Millionen Menschen)
- Erfahrung von Ablehnung in der Fremde

Diese Erfahrungen wurden im Nachkriegsdeutschland nicht aufgearbeitet. Sie wurden verdrängt. Es ging nur um den Blick nach vorne. Wurde das erlebte Leid doch einmal angesprochen, kam sofort der Hinweis darauf, dass Deutschland den Krieg ja begonnen hat. Ende der Diskussion.

Und doch wirkt das Erlebte bis heute in unsere Familien hinein. Wir zwischen 1950 und 1975 geborenen Kriegsenkel haben dadurch unsere ganz eigenen Herausforderungen mitbekommen.

Wenn Sie sich tiefer mit diesem Thema auseinandersetzen wollen, dann kann ich Ihnen das Buch meiner Kollegin Ingrid Meyer-Legrand „Die Kraft der Kriegsenkel" sehr ans Herz legen.

Welche Auswirkungen haben diese Erfahrungen auf Ihre Eltern? Bombenangriffe und Luftschutzbunker, Flucht, Vertreibung, Tod und Massenvergewaltigung, all diese Erfahrungen, haben Ihre Eltern mehr oder weniger geprägt.

Auch wenn viele der Kriegskinder sagen: „Zum Glück war ich damals bei der Flucht noch so klein. Das habe ich gar nicht richtig mitbekommen."

Diese Haltung ist ein verständlicher Selbstschutz. Oft wird das von uns Kriegsenkeln als Oberflächlichkeit und Desinteresse wahrgenommen. Doch genauer hinzuschauen war zu bedrohlich.

Aus heutiger Sicht ist uns klar, dass auch die kleinsten Säuglinge die Angst und die Schrecken der Eltern und der Umgebung mitbekommen haben. Millionen von Menschen in der Nachkriegszeit waren traumatisiert, abgestumpft und sprachlos.

Jeder hatte so viel Leid erlebt, da blieb nur der Blick nach vorne und eine kollektive Sprachlosigkeit.

Mit diesem Wissen können Sie sich viele Verhaltensweisen Ihrer Eltern erschließen und verständnisvoller damit umgehen.

Gefühle und typische Verhaltensweisen der Kriegskinder

Ständige Angst, Menschen zu verlieren: Immer wissen wollen, wann jemand kommt, wo jemand ist. „Sei bloß pünktlich, sonst mache ich mir Sorgen", „Melde dich unbedingt, wenn du angekommen bist!"

Hohes Sicherheitsdenken: Feste Strukturen geben Halt. „Um Punkt 12 Uhr wird gegessen." „Ruhe – die Tagesschau fängt an."

Sich Sorgen machen: „Ich habe in der Zeitung gelesen, dass es an deinem Wohnort wieder viele Einbrüche gibt. Ich habe Angst um dich."

Lebensmittel horten: Im Kühlschrank finden sich immer wieder abgelaufene Lebensmittel und im Keller steht noch Brombeermarmelade von 1974. „Das ist noch gut. Die esse ich noch!"

Nichts wegwerfen können: Die Wohnung und der Keller platzen aus allen Nähten. „Das kann man noch gebrauchen. Das ist zu schade zum Wegwerfen."

Essen und Trinken, anstatt über Gefühle zu reden: Sie können mit Ihren Eltern keine tief gehenden Gespräche führen. Zum Beispiel an Weihnachten. Es geht vor allem um das gemeinsame Essen und die traditionellen Rituale, auch wenn die Gespräche oberflächlich sind.

Das Wichtigste für die Eltern: „Hauptsache, es sind alle da!" Was steckt dahinter? In den Kriegs- und Nachkriegszeiten haben die Familien so viele Verluste erlebt. Verschollene Verwandte, Väter in Gefangenschaft, Onkel und Brüder, die als Soldaten ums Leben gekommen sind, Eltern oder Geschwister, die auf der Flucht verloren gingen oder starben. Da war es das größte Weihnachtsgeschenk, wenn alle da waren.

Die wichtige Bedeutung der Fassade: Eine Sache geht fast allen Elternkümmerern auf die Nerven. Der Satz „Was sollen denn die Leute denken!"

Wenn Ihr Vater lieber zu Hause bleibt, als mit dem Rollator zu einem Gemeindefest zu gehen. Wenn Ihre Mutter ihr Hörgerät nicht anzieht und lieber auf die Unterhaltung verzichtet.

Bei anderen kann man leicht sagen, stell dich doch nicht so an. Mit dem Rollator bist du doch viel sicherer unterwegs. Fragen Sie sich: „In welchen Situationen möchten Sie sich auch vorteilhaft präsentieren? Oder hoffen, dass Sie beim Einkaufen mit Ihren fettigen Haaren niemand Bekanntem begegnen?"

Der Wunsch, möglichst gut dazustehen, ist in allen von uns vorhanden. Doch für Ihre Eltern hat das noch eine tiefere Bedeutung. Als Ihre Eltern klein waren, vor allem in ländlichen Gegenden, hatte die soziale Kontrolle noch eine große Bedeutung. Wer sich nicht konform verhalten hat, wer sich nicht angepasst hat, der wurde ausgegrenzt oder aus der Gemeinschaft ausgeschlossen. Diese prägende Erfahrung tragen Ihre Eltern heute noch in sich.

Misstrauen gegenüber Fremden: „Fremde Leute kommen mir nicht in die Wohnung!" Die in der Kindheit erlebte Enteignung der Wohnung durch Fremde wirkt bis heute nach.

Ich hoffe, dass Ihnen der Blick auf die Kindheit Ihrer Eltern dabei hilft, deren Verhalten besser nachvollziehen zu können. Ich ermutige Sie, seien Sie offen und neugierig und fragen Sie sich immer wieder: „Unter welchen Umständen ergibt dieses Verhalten einen Sinn?"

Mit diesem Wissen kann es Ihnen gelingen, eine andere Sicht auf das Verhalten Ihrer Eltern zu gewinnen. Wenn Sie verstehen, warum sich Ihre Eltern so verhalten, können Sie gelassener reagieren, sind nicht mehr so schnell genervt.

Vielleicht erfüllen Sie dann auch gerne die Wünsche Ihrer Eltern, weil Sie wissen, warum es ihnen so wichtig ist.

BEISPIEL

Der Nagel in der Wohnzimmertür

Mein Vater war immer ein hilfsbereiter Mensch und handwerklich sehr begabt. Als seine Krankheit schon vorangeschritten war, holte er sich einmal aus seinem Werkzeugkeller einen Hammer, Nägel und Paketschnur. Er schlug mitten in die Wohnzimmertür einen Nagel ein und begann, die Paketschnur dort aufzuhängen. Natürlich waren wir erst einmal irritiert. Doch beim Blick auf seine Kindheit wurde uns klar: Mein Vater wurde zusammen mit seiner Familie aus Schlesien vertrieben. Nach ihrer Flucht lebten Sie auf engstem Raum in einem kleinen Zimmer. Dort wurde auch gewaschen und die Wäsche zum Trocknen aufgehängt. Und genau dabei wollte uns mein Vater helfen: beim Wäscheaufhängen.

Spürbar verändertes Verhalten der Eltern

Wenn sich das Verhalten Ihrer Eltern darüber hinaus noch mehr ändert, sie wunderlich und misstrauisch werden und sich merkwürdig verhalten, dann könnte es sich um die Anzeichen einer beginnenden Demenz handeln. Das Thema Demenz wird in Kapitel 9 behandelt. Beispiele für solche veränderten Verhaltensweisen sind:

Vergesslichkeit: „Ich muss meinem Vater bestimmt tausend Mal sagen, wann sein nächster Arzttermin ist."

Ständiges Wiederholen: „Alle zehn Minuten fragt meine Mutter, was wir für einen Tag haben."

Misstrauen: „Meine Mutter denkt, die Nachbarin stiehlt ihre Post aus dem Briefkasten."

Verfolgungswahn: „Mein Vater denkt, die Nachbarn wollen nachts in die Wohnung einbrechen!"

Persönlichkeitsveränderung: „Mein Vater ist auf einmal so jähzornig, So kenne ich ihn gar nicht."

Orientierungslosigkeit: „Manchmal redet mich meine Mutter mit dem Namen ihrer Schwester an." „Mein Vater kennt nicht mehr den Weg nach Hause."

Antriebslosigkeit: „Mein Vater will immer nur auf dem Sofa sitzen." Wichtig: Wenn das über eine längere Zeit andauert, kann das ein Anzeichen für eine Altersdepression sein. Lassen Sie das am besten vom Hausarzt abklären.

Unruhe: „Ständig läuft meine Mutter durch die Wohnung und sucht irgendetwas."

Stimmen hören: „Mein Vater hört ständig fremde Stimmen."

Falsche Beschuldigungen: „Meine eigene Mutter glaubt, ich will sie bestehlen!" Es ist unglaublich verletzend, wenn Ihre Eltern Ihnen das vorwerfen. Versuchen Sie, ruhig zu bleiben und es nicht persönlich zu nehmen. Dieses Verhalten ist sehr häufig bei einer beginnenden Demenz. Das eigene Geld steht dabei als Symbol für das eigene Leben. Wenn es auf einmal nicht auffindbar ist, dann bedeutet es, die Kontrolle über sein Leben zu verlieren.

Sexualität im Alter

Viele Elternkümmerer stoßen an ihre Grenzen, wenn es um die Sexualität ihrer Eltern geht. Die Vorstellung, dass die eigenen Eltern sinnliche, erotische und zärtliche Bedürfnisse haben oder sich noch einmal verlieben könnten, das ist für viele Kinder schlicht unmöglich und nicht existent. Die eigenen Eltern sind irgendwie „geschlechtslos" – besonders jetzt im Alter. Das Bedürfnis nach Intimität und Zärtlichkeit wird ihnen nicht zugestanden.

Solange die Eltern gemeinsam zu Hause wohnen und sich noch weitgehend selbst versorgen können, wird über deren sexuelle Bedürfnisse nicht gesprochen. Doch dann gibt es Situationen, in denen man auf einmal damit konfrontiert wird:

- Eine neue Partnerschaft nach dem Tod eines Ehepartners.
- Ein Elternteil wird pflegebedürftig und zu Hause von einem Pflegedienst versorgt.
- Ein Elternteil zieht in ein Pflegeheim.

Besonders durch den Wegfall der Privatsphäre bei der häuslichen Versorgung durch eine Pflegekraft oder nach dem Umzug in ein Pflegeheim werden die Bedürfnisse nach Berührungen, Nähe und Intimität sichtbar.

Eine neue Beziehung

Nach dem Tod ihres langjährigen Ehemannes hat die allein lebende Mutter einen neuen Freund, mit dem sie sich glücklich und verliebt zeigt und mit dem sie eine neue Beziehung eingehen möchte. Für viele Elternkümmerer ist das eine große Herausforderung. Vor allem dann, wenn eine enge emotionale Bindung zu dem verstorbenen Elternteil bestand.

Auf einmal zeigen sich Moralvorstellungen, die sie sonst eher bei den eigenen Eltern kritisieren: „Was sollen denn die Leute sagen!" „Du solltest dich schämen, in deinem Alter!"

Doch wie sollen sich Eltern denn altersgerecht verhalten? Lieb und brav zu Hause sitzen, zum Seniorentreff gehen und zum Kaffeekränzchen? Oder sollen sie nur als Babysitter für die eigenen Kinder im Einsatz sein? Leider wird diese neue Liebe von den eigenen Kindern oft lächerlich gemacht, ignoriert oder sogar verboten.

Wie können Sie gut mit dieser Situation umgehen? Hier hilft erst einmal tief durchatmen und überlegen, worum es Ihnen wirklich geht.

Fragen Sie sich: „Für wen ist dieses Verhalten herausfordernd? Wer hat ein Problem damit? Wen stört es?" Meistens hat der Stress mit Ihrer eigenen Einstellung zu tun. Wie geht es Ihnen, wenn Sie an diese neue Beziehung denken? Welche Gedanken und Gefühle kommen dabei hoch?

- Vater ist gerade mal drei Monate unter der Erde und Mutter hat einen Neuen und läuft sogar Hand in Hand mit ihm durch die Gegend. Wie kann sie nur?
- Was sollen denn die Leute sagen!
- Ich schäme mich für sie. Sie benimmt sich total peinlich. Wie die so öffentlich miteinander turteln und schmusen!
- Der will doch nur an ihr Geld – und wie stehen wir dann da?!?
- Das gehört sich nicht – in diesem Alter! Mutter sollte sich anständig benehmen!

- Also ich möchte mit dem Typ keinerlei Kontakt haben! Wenn Mutter zu uns kommen will, dann nur ohne ihn.
- Ich verbiete meiner Mutter den Umgang mit ihm!
- Wenn sich Mutter nicht von ihm trennt, dann hat sie ihr Enkelkind zum letzten Mal gesehen!

Kent Haruf schreibt in seinem Bestsellerroman „Unsere Seelen bei Nacht“ (2018, Diogenes) über die Macht, die Kinder über Ihre Eltern ausüben. Es handelt von der späten Liebe zweier Menschen, Kleinstadtvorurteilen und der Erpressung durch den eigenen Sohn: „Du wirst deinen Enkel nie wieder sehen, wenn du weiterhin in dieser Beziehung bleibst!“

Bei welchem dieser Punkte haben Sie innerlich genickt? Schauen Sie sich diese Liste noch einmal an. Worum geht es hier wirklich? Warum schämen Sie sich für das Verhalten Ihrer Eltern und finden es peinlich?

Überforderung: Sie wissen nicht, wie Sie reagieren sollen. Es fühlt sich einfach falsch an.
Eigene Moralvorstellung: Alte Menschen dürfen keine sinnlichen Gefühle mehr haben und zeigen.
Loyalität: Sie fühlen eine starke Verbundenheit zu Ihrem verstorbenen Elternteil und dieses Verhalten fühlt sich wie ein Verrat für Sie an.
Beschützerinstinkt: Sie wollen Ihre Mutter oder Ihren Vater schützen. Wer weiß, ob das ein Heiratsschwindler ist.
Verlustangst: Sie befürchten, Ihre Mutter, Ihr Vater könnte sich von Ihnen entfremden.
Neid: Sie hätten auch gerne wieder eine Beziehung.
Finanzielle Sorge: Sie haben Angst um Ihr Erbe.
Gesellschaftliche Ächtung: Sie befürchten, im Dorf schief angeschaut zu werden.

Überlegen Sie, ob Sie mit diesen Erkenntnissen die Situation in einem neuen Licht sehen können. Es ist ein weiterer Schritt des Erwachsenwerdens, wenn Sie akzeptieren können, dass auch Ihre eigenen Eltern sinnliche Gefühle und ein Bedürfnis nach Zärtlichkeit und Nähe haben! Vielleicht ist es auch an der Zeit, allzu feste Vorstellungen über das Alter loszulassen und sich einzugestehen, dass es unterschiedliche Möglichkeiten gibt, im Alter zu leben.

Wenn Sie noch tiefer in das eigene Erleben einsteigen wollen, dann lade ich Sie zu einer Entdeckungsreise in Ihre eigenen Wertvorstellungen ein:

- Wie ist Ihre Einstellung zu Ihrer eigenen Körperlichkeit, Sinnlichkeit und Sexualität?
- Leben Sie eine befriedigende Sexualität oder haben Sie das Thema bereits „abgeschrieben"?
- Was bedeuten Zärtlichkeit, Sinnlichkeit, Intimität und Nähe für Sie?
- Können Sie Ihre Wünsche äußern? Und leben Sie diese auch?

Doch auch für Ihr Elternteil ist diese Situation herausfordernd:

Angst: „Meine Kinder werden mich für verrückt halten und mich dafür verurteilen. Ich will sie nicht verlieren."
Pflichtgefühl: „Das kann ich meinen Kindern nicht antun!"
Hoffnung: „Vielleicht geben meine Kinder mir ja die Erlaubnis."
Schuldgefühl: „Ich fühle mich endlich wieder einmal unbeschwert und lebendig – darf es mir so gut gehen?"
Moral: „So kurz nach dem Tod meines Mannes, das gehört sich doch nicht."
Loyalität: „Dieser neue Mensch in meinem Leben gibt mir soviel Lebensfreude – und gleichzeitig fühle ich mich schlecht gegenüber meinem verstorbenen Mann."
Gesellschaftliche Ächtung: „Was werden die Leute sagen?"
Zweifel: „Darf ich das überhaupt noch in meinem Alter?"

Überlegen Sie, was für ein Geschenk Sie Ihren Eltern machen können, wenn Sie von sich aus das Thema ansprechen und Ihre „Absolution" für eine neue Beziehung geben. Wenn Sie diese neue Partnerschaft begrüßen und unterstützen, ihr wohlwollend gegenüber stehen oder sie zumindest akzeptieren. Oft versagen sich die Mütter oder Väter eine späte Liebe, weil sie es ihren Kindern nicht zumuten wollen oder Angst vor deren Reaktion haben.

Sie müssen den neuen Partner nicht toll finden. Doch Sie sollten Ihren Vater, Ihre Mutter auf keinen Fall emotional erpressen. Respektieren Sie, dass Ihre Eltern ein Recht auf das Ausleben ihrer sexuellen Bedürfnisse haben und diese auch weiterhin ausleben möchten. Versuchen Sie zu erkennen, ob Sie Ihren Eltern Ihre eigenen Wert- und Moralvorstellungen überstülpen wollen.

Das Ziel sollte es sein, das Verhältnis zu Ihrer Mutter, Ihrem Vater zu entspannen. Und ja – je weiter Ihre Vorstellungen voneinander abweichen, um so herausfordernder wird es für Sie. Doch immerhin sollten Sie in der Lage sein, die Situation anzuerkennen und nicht mit Strafen oder Nichtachtung zu drohen.

Auch wenn es Sie persönlich betroffen macht – versuchen Sie einmal, sich neben sich zu stellen und das Thema von außen zu betrachten.

Denken Sie an das Recht auf Selbstbestimmung! Gerade in so einem intimen Bereich ist es besonders wichtig. Versuchen Sie, über Ihren eigenen Schatten zu springen und begegnen Sie Ihren Eltern wohlwollend. Machen Sie sich klar: Es geht hier nicht nur um Sie, sondern vor allem um die Würde und Selbstbestimmung Ihrer Mutter oder Ihres Vaters.

„Sie sind nicht erziehungsberechtigt für Ihre Eltern! Ihre Eltern müssen Sie nicht um Erlaubnis fragen." (Marlis Lamers: Onlinekurs „Sexualität in der Pflege", Lektion 3; 2021)

Pflege im Pflegeheim

Mit dem Einzug in ein Pflegeheim verschwindet ein Großteil der Privatsphäre. Auf einmal werden dort persönliche Vorlieben und sexuelle Bedürfnisse sichtbar, die bisher im Schutz der eigenen Wohnung ausgelebt werden konnten.

Wenn jemand geistig noch orientiert ist und seine Bedürfnisse selbst äußern kann, dann müssen sie ihm auch zugestanden werden. Er sollte unterstützt und nicht lächerlich gemacht oder als pervers abgetan werden. Vielmehr ist es wichtig, für eine entsprechende Privatsphäre zu sorgen. Erkundigen Sie sich bei der Auswahl des Pflegeheims nach dessen grundsätzlicher Einstellung zu diesem Thema. Es gibt Pflegeeinrichtungen, in denen das Thema Sexualität im Alter positiv gesehen wird. Es gibt dort entsprechende Räume oder romantische Nischen, in denen sich die Bewohnerinnen und Bewohner ungestört treffen können, immer unter der Voraussetzung, dass beide das auch wollen.

Wichtig ist die grundsätzliche Einstellung der Einrichtung. Eine wohlwollende Haltung gegenüber neuen Partnerschaften und dem generellen Bedürfnis nach Nähe und Zärtlichkeit, ohne strenge Verbote oder beschämendes Verhalten gegenüber den Bewohnern.

Krankheitsbedingte Wesensveränderung

Zu einer besonderen Herausforderung wird es, wenn ein Elternteil plötzlich sexuell enthemmt reagiert. Wichtig ist hier die Aufklärung über die Ursachen für das veränderte Verhalten. Eine demenzielle Erkrankung oder andere krankheitsbedingte Veränderungen im Hirn können für einen Wegfall der moralisch-sozialen Schranken sorgen. Das kann sich durch verbale Anzüglichkeiten zeigen oder auch durch körperliche Aktionen, wie zum Beispiel unter den Rock greifen, an den Busen grabschen, sich bei der Intimpflege entsprechend eindeutig verhalten.

Dieses Verhalten zeigt sich oft gegenüber den häuslichen Pflegekräften oder den Mitarbeitenden im Pflegeheim. Pflegekräfte sind meistens geschult, wie sie mit diesen Situationen umgehen müssen. Doch gerade im Bereich der 24-Stunden-Pflege kann es zu kritischen Situationen kommen, wenn zum Beispiel die Ehefrau auf die Pflegekraft eifersüchtig wird und die überforderte Pflegekraft sich für die Situation schämt, die sie selbst vermeintlich ausgelöst hat.

Die Angehörigen sind mit diesem Verhalten oft überfordert. Besonders für den gesunden Ehepartner kann das schwer zu verstehen sein. „Ich war ihm doch immer eine gute Ehefrau – warum geht er auf einmal seiner Pflegerin an die Wäsche!"

Für Sie als Sohn oder Tochter ist diese Situation auch nicht einfach. Versuchen Sie, sich und Ihrem gesunden Elternteil klarzumachen, dass es die Krankheit und nicht der Mensch ist, die dieses Verhalten auslöst. Und dass es Ausdruck eines Bedürfnisses nach Nähe und Zuwendung ist …

Demenz – Vater hat eine neue Freundin

Ein weiterer Stressfaktor entsteht, wenn der an Demenz erkrankte Vater im Pflegeheim eine „Neue" hat und seine eigene Ehefrau nicht mehr erkennt. Das ist für die gesamte Familie, vor allem aber für die Ehefrau sehr verstörend. Gefühle von Wut, Scham und Verzweiflung kommen dabei hoch: „Wie kann er mir das antun?"

Als Tochter oder Sohn besteht die Herausforderung für Sie dann darin, die Bedürfnisse beider Elternteile ernst zu nehmen und gleichzeitig mit der eigenen Betroffenheit umgehen zu lernen. Das ist eine emotionale Gratwanderung und erfordert viel Einfühlungsvermögen.

Zum einen, die Mutter zu unterstützen, die durch das Verhalten ihres demenzkranken Mannes die Welt nicht mehr versteht. Ihr zu erklären, dass es die Demenz ist, die dieses Verhalten bewirkt.

Zum anderen die Erkenntnis, dass der Vater auch in seiner Demenz ein Recht auf seine Bedürfnisse nach Zärtlichkeit und Nähe hat.

Fazit: Sexualität im Alter hat viele Facetten. Auch wenn Sie manches anders sehen als Ihre Eltern: Jeder Mensch hat ein Recht darauf, seine sexuellen Bedürfnisse zu äußern und zu leben, solange er anderen keinen Schaden zufügt. Freuen Sie sich für Ihre Eltern: Eine erfüllte Sexualität gehört zur persönlichen Selbstbestimmung und ist auch ein Ausdruck von Lebensfreude. In jedem Alter.

Vertauschte Rollen?

Vertauschen sich die Rollen zwischen Eltern und Kindern, wenn die Eltern älter werden? Werden wir wirklich zur Mutter oder zum Vater unserer Eltern?

Die Antwort ist: Nein.

Unsere Eltern bleiben immer unsere Eltern. Wir bleiben immer Tochter oder Sohn. Doch die Inhalte und die Aufgaben, die wir in dieser Rolle übernehmen, die ändern sich.

Als kleines Kind haben wir alles dafür getan, um von unseren Eltern geliebt zu werden und deren Anerkennung zu erhalten. Wir haben zu ihnen aufgeschaut und uns von ihnen abgegrenzt.

Zum wirklich erwachsen werden gehört es aber auch, sich gleichberechtigt zu begegnen. Im Wissen darum, dass wir alle Fehler machen und mit dem Bewusstsein, dass jeder so gehandelt hat, wie er oder sie es für richtig und am besten hielt. Im besten Fall führt das zu einer Begegnung auf Augenhöhe. Oft findet das erst in der letzten Lebensphase der Eltern statt.

Denn irgendwann geht es nicht mehr darum, sich gegenseitig Fehler und Versäumnisse vorzuwerfen. Dann stehen sich zwei erwachsene Menschen gegenüber, die sich voller Liebe begegnen und bewusst voneinander Abschied nehmen. Es geht dann darum, für die Eltern da zu sein, sie zu trösten und zu beruhigen.

So wie es James Blunt in seinem Lied und Video „Monsters“ für und mit seinem todkranken Vater beschreibt:

„Ich werde dir keine Vorhaltungen machen.

Nicht nötig zu vergeben oder zu vergessen.

Wir kennen unsere Fehler, das ist jetzt nicht mehr wichtig.

Jetzt, in diesem Moment, sind wir nicht Vater und Sohn, sondern nur noch zwei erwachsene Männer, die Abschied nehmen. Sei ganz beruhigt, Daddy, ich wache über deinen Schlaf und vertreibe für dich alle Ungeheuer!“.

https://www.youtube.com/watch?v=DTFbGcnl0po, 31.03.2020

Es ist erleichternd und es sind ganz besondere Momente, wenn man sich all das sagen kann, was man sich schon immer sagen wollte. Bevor es zu spät ist. Nicht immer muss das im Detail ausgesprochen werden, manchmal geht das auch wortlos – ein schweigendes liebevolles Miteinander, das beiden Kraft gibt. Kraft für den Abschied und die Zeit danach.

Mir ist bewusst, dass es Situationen gibt, in denen das so nicht möglich ist. Manchmal muss man seine eigenen Grenzen wahren und es gelingt nicht, sich mit den Eltern zu versöhnen. Dann ist es gut, wenn man es schafft, sich mit der Situation an sich auszusöhnen und unrealistische Erwartungen an die Eltern fallen zu lassen.

Stressfaktoren: Krankenhaus und Pflegeheim

Wenn Ihre Eltern ins Krankenhaus müssen, bedeutet das Stress pur. Unsere Krankenhäuser sind nicht auf die Bedürfnisse und den langsameren Rhythmus von alten Menschen ausgerichtet.

Grund dafür ist die hohe Arbeitsbelastung von Ärzten und Pflegepersonal, aber auch die sehr einseitige Sicht auf die jeweilige Krankheit. Eine ganzheitliche Sicht auf den Menschen und seine Würde fehlt leider oft.

Natürlich gibt es Ausnahmen. Ärzte und Pfleger, die sich viel Mühe geben. Aber das System Krankenhaus sieht diese menschlichen Zuwendungen leider (noch) als Zeitverschwendung an.

Alte Menschen sind es oft nicht gewohnt, um Hilfe zu bitten. Sie trauen sich zum Beispiel nicht, die Pflegenden zu bitten, ihnen beim Weg zur Toilette zu helfen. Was ist die Folge: Sie verzichten lieber aufs Trinken, damit sie niemandem zur Last fallen.

Haben Sie schon mal eine Arztvisite erlebt? Wenn Sie da nicht 100 Prozent fit und vorbereitet sind, haben Sie keine Chance, mitzubekommen, was die Ärzte sagen und noch viel weniger, Ihre eigenen Fragen zu stellen und beantwortet zu bekommen.

Alten Menschen fällt das noch viel schwerer. Bei ihnen kommt noch die Einstellung gegenüber den *Halbgöttern in Weiß* dazu. Was dazu führt, dass die Anordnungen der Ärzte einfach so akzeptiert werden und sie sich nicht trauen, nachzufragen und das Gesagte oft auch nicht komplett verstehen können.

Achtung: Wenn sich bei Ihren Eltern ganz plötzlich, innerhalb weniger Tage oder Stunden ein Zustand großer Verwirrung zeigt, dann sprechen Sie das unbedingt bei den Ärzten an. Es kann sich dabei um ein Delir handeln. Ein Delir entwickelt sich oft innerhalb von Stunden: Erst wirkt der Betroffene ein bisschen verwirrt, nach kurzer Zeit zeigen sich dann mehrere der folgenden Symptome: Halluzinationen, Wahnideen, Gedächtnislücken, Orientierungslosigkeit, große Unruhe und Verhaltensänderungen, wie Angst, Weinerlichkeit oder Aggressivität.

Je älter ein Mensch ist, umso eher kann das nach einer Operation mit Vollnarkose auftreten. Weisen Sie die Ärzte unbedingt darauf hin, dass diese Verwirrung erst seit Kurzem besteht und dass es sich um eine plötzliche gravierende Verschlechterung des Zustands handelt. Lassen Sie sich nicht damit abspeisen, dass das ganz normale Demenzsymptome sind. Sondern sagen Sie, dass Sie den Verdacht haben, es könnte sich um ein Delir handeln.

Mit der richtigen Behandlung kann sich der Zustand innerhalb von einigen Tagen oder Wochen wieder normalisieren.

Wie funktioniert ein Krankenhaus?

In einem Krankenhaus gelten ganz bestimmte Regeln und Hierarchien. Je besser Sie sich damit auskennen und sich dementsprechend verhalten, umso besser können Sie für Ihre Eltern da sein. Deshalb gebe ich Ihnen einige Tipps, um sich im Krankenhausdschungel besser zurechtzufinden:

Ihre wichtigsten Ansprechpartner im Krankenhaus sind die Mitarbeiter im Sozialdienst. Dort laufen alle Fäden zusammen.

Die Mitarbeiter dort sind gut vernetzt und zu ihren Aufgaben gehört es, sicherzustellen, dass der Patient nach dem Krankenhausaufenthalt gut versorgt ist. Am besten nehmen Sie gleich zu Anfang eines Aufenthalts Kontakt mit ihnen auf. Hinterlegen Sie dort Ihre Kontaktdaten und auch die Vorsorgevollmacht und die Patientenverfügung.

Hier sind Sie richtig, wenn es um einen Platz in der Kurzzeitpflege geht, um die Vermittlung in ein Pflegeheim oder zu weiterführenden Untersuchungen. Auch den ärztlichen Abschlussbericht können Sie dort erhalten. Außerdem kennen sich die Sozialarbeiter mit unterschiedlichen Hilfsmitteln aus und können Ihnen helfen, diese für Sie bei der Pflegekasse zu beantragen.

Wenn Ihre Eltern noch keinen Pflegegrad haben oder sich der Zustand durch den Krankenhausaufenthalt verschlechtert hat, dann besprechen Sie auch das mit dem Sozialdienst. Solange ein Patient im Krankenhaus ist, kann der Sozialdienst bei der Krankenkasse einen Eilantrag auf Einstufung stellen. Wenn Sie mit der Beantragung oder Höherstufung warten, bis Ihre Eltern wieder zu Hause sind, kann es mehrere Wochen bis zu einer Begutachtung durch dem Medizinischen Dienst (MDK) dauern.

Die Ärzte

Erwarten Sie nicht, dass die Ärzte Sie mit offenen Armen empfangen. Wenn Sie mit einem Arzt oder einer Ärztin sprechen, notieren Sie sich immer deren Namen (steht auf dem Namensschild). Das ist für spätere Rückfragen wichtig. Ärzte arbeiten im Schichtbetrieb und sind oft auf unterschiedlichen Stationen unterwegs.

Finden Sie heraus, mit welchem Typ Mensch Sie es zu tun haben. Es kommt dabei sehr auf Ihre Menschenkenntnis und Ihr Fingerspitzengefühl an.

Ganz wichtig: Auch wenn Sie schon etwas Vorwissen haben, respektieren Sie unbedingt die Autorität des Arztes. Nichts ist nerviger und kontraproduktiver als Ihre Mitteilung zu Gesprächsbeginn: „Ich habe mich im Internet schon schlau gemacht …".

Auf der anderen Seite müssen Sie sich auch als ernst zu nehmenden Gesprächspartner positionieren. Mit Formulierungen wie „Meinen Sie, es könnte sich um Folgendes handeln …" kommen Sie meistens weiter.

Erwarten Sie nicht, dass jeder Arzt genau über die Krankengeschichte Ihrer Eltern informiert ist oder deren Namen kennt.

Grundsätzlich ist es schwierig, zwischen Tür und Angel ein fundiertes Gespräch zu führen.

Was besser funktioniert: Vereinbaren Sie einen Termin für ein Gespräch mit dem behandelnden Arzt. Dafür nehmen sich die Ärzte dann mehr Zeit und Sie können Ihre Fragen loswerden.

Schreiben Sie sich vor dem Gespräch unbedingt alle Fragen auf, damit sie nichts vergessen. Haben Sie für Rückfragen alle relevanten medizinischen Unterlagen Ihrer Eltern dabei.

Machen Sie sich Notizen, fragen Sie nach, wenn Sie etwas nicht verstehen. Es ist sehr hilfreich, wenn Sie die Vorsorgevollmacht und Patientenverfügung Ihrer Eltern mit dabeihaben. Sonst erhalten Sie unter Umständen keine Informationen und können auch nicht im Sinne Ihrer Eltern bezüglich anstehender Eingriffe entscheiden.

Machen Sie sich aber keine Illusionen. Die Ärzte haben eigentlich gar keine Zeit für Sie. Sie sind in deren Alltag eher eine Störung. Deshalb fassen Sie sich kurz. Stellen Sie nur relevante Fragen, aber geben Sie auch genügend Hintergrundinformationen über Ihre Eltern.

Das Pflegepersonal

Auch beim Pflegepersonal sollten Sie einige Regeln beachten, damit Sie und Ihre Eltern den Krankenhausaufenthalt so gut wie möglich erleben.

Auf jeder Station gibt es eine Stationsleitung, examinierte Pflegekräfte und angelernte Pflegekräfte. Die Pflegenden arbeiten im Schichtbetrieb und sind gleichzeitig für unterschiedlich viele Patienten zuständig.

Damit sie ihre Aufgaben so effizient wie möglich erledigen können, haben sie festgelegte Zeiten, an die sich die Patienten anpassen müssen.

Das ist ziemlich nervig, doch das Wissen hilft Ihnen schon einmal, sich nicht unnötig aufzuregen. Dass zum Beispiel morgens um 6 Uhr die Nacht zu Ende ist und es um 17.30 Uhr Abendbrot gibt, ist nicht so leicht nachzuvollziehen.

Zusätzlich kann es noch andere routinemäßige Zeiten geben. Machen Sie sich damit vertraut, damit Sie Ihre Besuche darauf abstimmen können. Wenn Sie zum Beispiel immer dann kommen, wenn gerade für drei Patienten die Morgentoilette durchgeführt wird, dann müssen Sie unnötig warten.

Der wichtigste Termin für die Pflege ist die Übergabe. In diesem Meeting wird beim Schichtwechsel alles Wichtige der letzten Stunden an die nachfolgenden Kolleginnen und Kollegen übergeben. Versuchen Sie, die Übergabe nur im äußersten Notfall zu stören. Das gibt nämlich gleich Punktabzug. Nur wenn Sie den Personalkühlschrank benutzen, ist das noch schlimmer.

Wichtig zu wissen: Wenn es kein akuter Notfall ist, passiert im Krankenhause ab Freitagnachmittag bis Montagmorgen nichts. Keine Untersuchungen, keine Behandlungen, keine Physiotherapie.

Wenn es sich also nicht um einen Notfall handelt, überlegen Sie, ob Ihre Eltern vielleicht während des Wochenendes noch besser zu Hause versorgt sind als im Krankenhaus.

Wenn Sie mit Ihren Eltern in die Notaufnahme fahren, dauert die Aufnahme oft erheblich länger, als wenn Sie einen Krankenwagen rufen.

Wenn es sich nicht um einen lebensbedrohlichen Zustand handelt, ist in Deutschland nachts und am Wochenende der ärztliche Notdienst für Sie da unter der Nummer 116 117. Bei Verdacht auf einen Herzinfarkt oder einen Schlaganfall zählt jede Minute, rufen Sie deshalb in diesem Fall immer die 112 an!

Im Zweifel lieber einmal zu viel den Notdienst anrufen. Sagen Sie das auch Ihren Eltern. Bei denen geht es ja auch noch oft darum, dass bloß kein Krankenwagen kommt – was sollen denn die Leute sagen? Die kommen mir nicht ins Haus. Dann müssen Sie Abwägen und vielleicht verhandeln: „Einverstanden – wir rufen nicht den Notarzt, aber wir fahren jetzt zusammen ins Krankenhaus."

Falls es Ihre Eltern bis dahin noch nicht gemacht haben – jetzt ist ein guter Zeitpunkt für die Erstellung von Vorsorgevollmacht und Patientenverfügung. Wenn Sie Ihren Eltern sagen, dass das Krankenhaus diese Dokumente benötigt, dann fügen sich Ihre Eltern vielleicht eher den Anordnungen durch die Autoritäten. Und auch wenn die Ärzte das nicht zur Bedingung machen, so sind sie beruhigt, wenn eine Patientenverfügung vorliegt und sie so den Willen des Patienten kennen.

Pflegeheim

Es gehört mit zu den schwersten Entscheidungen, die Eltern in ein Pflegeheim umziehen zu lassen.

Oft nehmen die Eltern ihren Kindern das Versprechen ab (was für eine Formulierung – Versprechen abnehmen!): „Versprich mir, dass du mich nie ins Heim gibst!" Dieses Versprechen sollten Sie Ihren Eltern nie geben. Sie können zu diesem Zeitpunkt noch gar nicht abschätzen, was das wirklich bedeutet. Nicht immer ist es für Ihre Eltern am sinnvollsten, zu Hause zu bleiben.

Wenn Sie Ihren Eltern dieses Versprechen geben, dann bringen Sie sich in eine äußerst schwierige Lage. Wenn Sie es nicht mehr schaffen, Ihre Eltern zu Hause zu versorgen, oder Ihre Eltern auch mit regelmäßiger Pflege nicht mehr zu Hause bleiben können, dann wird Sie dieses Versprechen zusätzlich belasten.

Der Wunsch „Gib mich nie ins Heim" bedeutet eigentlich, „versprich mir, dass du mich nicht alleine lässt. Das du für mich da bist, dich um mich kümmerst."

Nur fünf Prozent aller Menschen wollen in ein Pflegeheim. Der Wunsch, zu Hause in der vertrauten Umgebung zu bleiben ist groß. Doch was ist, wenn Ihre Eltern keine Treppen mehr gehen können und ein Umbau nicht möglich ist? Dann sind sie von allen sozialen Kontakten abgeschnitten.

Wenn feststeht, dass Ihre Eltern nicht mehr in ihren eigenen vier Wänden leben können, dann steht wahrscheinlich der schwerste Schritt ihres Lebens an. Wenn Ihre Eltern selbst nicht mehr entscheiden können, dann wird es sogar eine der schwersten Entscheidungen Ihres Lebens.

Bitte machen Sie sich dabei klar: Sie geben Ihre Eltern nicht im Pflegeheim ab, Sie stecken sie nicht ins Heim, sie schieben Ihre Eltern nicht ins Pflegeheim ab. Diesem Schritt gehen intensive Überlegungen voraus.

Betreutes Wohnen

Achtung: Betreutes Wohnen ist kein geschützter Begriff. Es hört sich gut an, aber schauen Sie genau hin! Woraus besteht die Betreuung? Manchmal wird schon die Existenz eines Hausnotrufdienstes als Betreutes Wohnen verkauft. Oder die Tatsache, dass im gleichen Haus ein Arzt seine Praxis hat. Wenn das allerdings ein Zahnarzt ist, dann bringt Ihnen das nicht viel.

Gibt es eine Kantine oder einen Essensdienst? Gibt es Physiotherapie im Haus? Gibt es einen Arzt, der regelmäßig Hausbesuche macht? Wie sieht die Infrastruktur drumherum aus? Gibt es Einkaufsmöglichkeiten, Restaurants oder Cafés? Gibt es einen angeschlossenen Pflegedienst?

Was passiert, wenn Ihre Eltern auf 24-Stunden-Pflege angewiesen sind? Wenn es sich um eine Wohnung auf der grünen Wiese handelt, müssen Ihre Eltern unter Umständen noch einmal umziehen und erneut ihre gewohnte Umgebung verlassen.

Daher kann es sinnvoll sein, sich für ein Betreutes Wohnen zu entscheiden, das an ein Pflegeheim angegliedert ist. Das hat viele Vorteile. Im Notfall kann auf die Ärzte und das Pflegepersonal vom Pflegeheim zugegriffen werden oder zumindest kann von dort aus schnell und unkompliziert etwas organisiert werden.

Es gibt meist ein Restaurant, Freizeitangebote und Austauschmöglichkeiten mit anderen Bewohnern. Gemeinsame Ausflugsmöglichkeiten und Stadtbummel, meist auch einen mobilen Friseur, eine Banksprechstunde und einen Einkaufsdienst.

Achtung: In begehrten Lagen gibt es sehr lange Wartezeiten – in einigen Fällen sogar bis zu zehn Jahre!

Dieses Modell passt auch gut, wenn ein Elternteil komplett auf Pflege angewiesen ist und der andere noch fit genug für eine eigene Wohnung ist. Dann können sich beide regelmäßig sehen und zusammen sein.

Wie entscheiden Sie sich für eine Einrichtung?

Schauen Sie sich unterschiedliche Einrichtungen an. Verlassen Sie sich dabei nicht auf die Hochglanzbroschüren und super gestylten Räume. Auch wenn Sie die Entscheidung oder die Vorauswahl treffen – Ihre Eltern sollen sich dort wohlfühlen, nicht Sie. Ein etwas in die Jahre gekommenes Pflegeheim bietet Ihren Eltern vielleicht mehr Lebensqualität.

Ich empfehle Ihnen, sich erst mal selbst einen Eindruck zu machen, bevor Sie einen offiziellen Gesprächstermin vereinbaren. In fast jedem Pflegeheim gibt es eine öffentlich zugängliche Cafeteria. Während Sie dort Ihren Kaffee trinken, können Sie die Atmosphäre auf sich wirken lassen.

Wie geht das Personal mit den Bewohnern um? Werden zum Beispiel alle mit Namen angeredet? Wie ist die Kommunikation zwischen dem Personal? Auch wenn Sie durch die Gänge laufen, können Sie einiges mitbekommen.

Machen Sie sich ein Bild von unterschiedlichen Pflegeheimen.

Eine Frage, die von Angehörigen immer wieder gestellt wird ist: „Wird bei Ihnen auch gebastelt?" „Nun – wann haben Ihre Eltern denn das letzte Mal etwas gebastelt? Als Sie noch ein Kind waren?"

Also – basteln per se ist nichts, was Ihre Eltern brauchen. Ihre Eltern brauchen das Gefühl, etwas Sinnvolles zu tun, gebraucht zu werden, teilnehmen zu können. Und das im Rahmen ihrer Möglichkeiten.

Gartenarbeit, Schneiderarbeiten, Kochen. Doch Achtung: Nur, weil Ihre Mutter immer die Kartoffeln geschält hat, muss sie das jetzt nicht auch noch tun. Wenn sie das möchte, gerne. Aber nicht nur weil sie es kann.

Eine ehemalige Arzthelferin wickelt abgerollte Mullbinden wieder auf und erzählt dabei voller Freude von ihrer früheren Arbeit. Dass es sich immer wieder um dieselben Mullbinden handelt, weiß sie nicht. Und darauf kommt es auch gar nicht an. Was für uns total sinnlos erscheint, gibt ihr das Gefühl, etwas Sinnvolles zu tun, sich durch ihre Fingerfertigkeit an früher zu erinnern und ein gutes Gefühl dabei zu haben.

Sie können Ihre Eltern in mehreren Pflegeheimen auf die Warteliste setzen lassen. Wie lange es dauert, bis wirklich ein Platz frei wird, kann Ihnen allerdings niemand genau sagen.

Es werden erst Plätze frei, wenn jemand dauerhaft ins Krankenhaus kommt, in ein anderes Pflegeheim umzieht oder stirbt. Sie können höchstens einen Richtwert erfragen: Dauert es in der Regal mehrere Wochen, Monate oder Jahre?

Es kann allerdings nicht schaden, wenn Sie immer wieder mal vorbeischauen oder sich in Erinnerung bringen. Wenn Sie dann angerufen werden, dass ein Platz frei wird, haben Sie und Ihre Eltern meistens nur ein paar Tage, um sich zu entscheiden.

Aus Erfahrung kann ich Ihnen sagen: In diesem Moment ist der erste Impuls fast immer: „Danke, aber es ist noch nicht soweit. Es geht doch noch gut alleine zu Hause." Lassen Sie die Information erst mal sacken und schlafen Sie darüber. Überlegen Sie gut, ob es die nächsten Wochen oder Monate wirklich noch so weitergehen kann. Beraten Sie sich mit Ihren Vertrauenspersonen.

Diese Entscheidung ist total krass und eine der schwersten, die man treffen kann. Doch nehmen Sie all Ihren Mut zusammen und denken auch an sich.

Eine wichtige Anmerkung: Auch wenn es klar ist, dass Ihre Mutter, Ihr Vater zum letzten Mal in seinem Leben umzieht. Auch wenn es klar ist, dass sie dort ihre letzte Lebensphase verbringen werden und dort vermutlich auch sterben werden.

Sagen Sie sich ganz bewusst, dass es jetzt die richtige Entscheidung ist und dass Sie es nicht mehr schaffen oder dass Ihre Eltern nicht mehr in der Wohnung bleiben können.

Je länger Sie Ihre Eltern zu Hause gepflegt haben, umso kürzer wird die Zeit im Pflegeheim sein. Und wenn Ihre Mutter oder Ihr Vater vielleicht nach sechs Monaten im Pflegeheim sterben, dann machen Sie sich bitte keine Vorwürfe: „Die sechs Monate hätte ich auch noch geschafft!" Beim Zeitpunkt Ihrer Entscheidung konnten Sie nicht mehr. Das darf Ihnen etwas Trost sein.

Hilfreiche innere Einstellungen

Ich habe hier einige Tipps aus der Praxis zusammengetragen, die Ihnen das Leben erleichtern können.

„Das ist ja interessant …"
… dass man das auch so sehen kann. Wenn Sie mit dieser Haltung in eine stressige Situation gehen, dann gewinnen Sie Gelassenheit. Für eine Klientin war dieser Satz die Rettung beim Familienfest.

Passend dazu gibt es im Anhang und unter www.reinhardt-verlag.de das Bullshit-Bingo für Elternkümmerer.

Was ist der nächste Schritt?
Seien Sie der Entwicklung Ihrer Eltern gedanklich einen Schritt voraus. Möglichst rational und pragmatisch: Wenn Ihre Mutter nicht mehr selber Auto fahren kann, was könnten Sie tun, um das auszugleichen? Taxi, Bringdienst, Lieferservice organisieren?

Wenn sich der Gesundheitszustand Ihres Vaters verschlimmert, was müsste da zuerst organisiert werden? Rollator, Treppenlift, Pflegebett?

Ganz wichtig: Es geht nicht darum, dass Sie sich Sorgen machen und hineinsteigern, was alles passieren könnte, sondern dass Sie möglichst realistisch bleiben.

Ich weiß, dass das ein emotionaler Drahtseilakt sein kann. Auf der einen Seite sind Sie voller Hoffnung und Zuversicht, dass die Situation Ihrer Eltern stabil bleibt, auf der anderen Seite machen Sie sich trotzdem schon Gedanken darüber, wie es weitergeht.

Das zerreißt einem fast das Herz. Ich habe zum Beispiel mit meinem Vater noch gemeinsame Kanutouren geplant und seine Vorfreude geteilt. Obwohl schon längst klar war, dass er das nicht mehr schaffen würde. Und parallel dazu habe ich mich um Angebote für Treppenlifte gekümmert.

Gelassenheitsübung: „Zum Glück ist DAS nicht passiert!"

Diese innere Einstellung hilft immer dann, wenn etwas passiert ist. Egal ob Sie die volle Kaffeetasse verschütten, Ihr Auto nicht anspringt, oder Ihrer Mutter die Handtasche gestohlen wurde.

Wie funktioniert das? Überlegen Sie sich, was der nächst schlimmere Fall gewesen wäre und sind dann dankbar dafür, dass er nicht eingetreten ist.

Die umgekippte Kaffeetasse: Zum Glück ist der Kaffee nicht über meinen Laptop gelaufen.

Das Auto: Zum Glück ist mein Handyakku voll und ich kann den ADAC anrufen.

Die bestohlene Mutter: Zum Glück ist meiner Mutter nichts passiert.

Probieren Sie es aus. Durch diese Übung relativieren Sie Ihre Situation und Sie richten Ihre Aufmerksamkeit auf etwas Positives. Das hilft Ihnen, leichter ins Handeln zu kommen, statt im Ärger oder Stress darüber steckenzubleiben.

Ihr persönlicher Notfallplan

Kennen Sie das? Nach einer Wurzelbehandlung beim Zahnarzt bekommen Sie für den Notfall ein starkes Schmerzmittel mit nach Hause. Falls die Schmerzen schlimmer werden sollten. In den meisten Fällen sagen Sie sich dann, „na ja, noch ist es auszuhalten, aber für den Notfall habe ich ja die Schmerztablette."

Wenn Sie diese Tablette nicht haben, dann gehen Sie nicht so gelassen mit den aktuellen Schmerzen um und sie machen sich Sorgen darüber, was passiert, wenn es schlimmer wird. Es fehlt die Beruhigung durch den Notfallplan.

Dieses Phänomen können Sie auch beim Kümmern um die Eltern nutzen. Als Vorbereitung darauf, was Sie tun können, falls Ihnen wieder einmal alles über den Kopf wächst. Überlegen Sie sich einmal ganz ernsthaft, was passieren würde, wenn Sie sich nicht um Ihre Eltern kümmern könnten. Egal aus welchem Grund. Sie sind einfach nicht da. Wer würde dann die Versorgung Ihrer Eltern übernehmen und wie würde diese ablaufen?

Ja, ich weiß, niemand kann das alles in der Qualität machen wie Sie. Doch bleiben Sie realistisch. Was würde passieren? Würden Geschwister oder andere Verwandte einspringen? Und wenn es da niemanden gibt, was dann?

Hier kommt Ihr Notfallplan: Wenn niemand da ist, der sich um Ihre Eltern kümmern kann und wenn Ihre Eltern sich nicht mehr alleine versorgen können, dann wird ein gesetzlicher Betreuer berufen, der die notwendigen Schritte einleitet und sich um Ihre Eltern kümmert. Ihre Eltern werden versorgt sein.

Dieses gedankliche Durchspielen bringt Sie heraus aus dem Gefühl der Aussichtslosigkeit und dem Denken: „Ich habe doch keine Wahl." „Ich muss mich doch kümmern, sonst passiert etwas Furchtbares." Es zeigt Ihnen: Es gibt einen Notausgang. Alleine das Wissen darum gibt Ihnen mehr Ruhe und Selbstbestimmung. Und das Gefühl von Freiwilligkeit.

Kraftvolle Gedanken

„Ich bin bereit, diese Situation anders zu sehen. Ich entscheide mich dafür, diese Situation aus einem anderen Blickwinkel zu sehen."

Kraftvolle Fragen

Konzentration auf die eigene Stärken und Fähigkeiten

- Was lernen Sie über sich in dieser Zeit?
- Welche Erfahrung aus Ihrem Leben hilft Ihnen dabei, die jetzige Situation gut zu meistern?
- Welche Ihrer Stärken helfen Ihnen dabei besonders?
- Mit was haben Sie sich selbst überrascht?

Verbindung schaffen

- An welches gemeinsame Erlebnis mit Ihren Eltern erinnern Sie sich gerne?
- Für was sind Sie Ihrem Vater oder Ihrer Mutter dankbar?
- Mit was haben Ihre Eltern Sie in letzter Zeit überrascht?

Entspannung und Entlastung

- Mal angenommen, Sie müssen jede Woche mindestens eine Stunde lang etwas tun, was Ihnen Freude macht – was ist das?
- Mal angenommen, es gibt etwas, das Sie entlastet. Was ist das?
- Was müssten Sie tun, damit sich Ihre Situation noch verschlimmert? Und dann machen Sie das genaue Gegenteil davon!

9 Demenz

Ist das schon Demenz?

Ihre Eltern gehen in den Keller und wissen unten nicht mehr, was sie dort wollten. Das alleine ist noch kein Anzeichen einer Demenz. Wenn sie allerdings im Keller stehen und nicht mehr wissen, wo sie sind, dann sieht das schon anders aus …

> **!** Demenz – das ist der allmähliche krankheitsbedingte Verlust der Gehirn- und Gedächtnisleistung.

Erste Anzeichen von Demenz

Die ersten Anzeichen einer Demenz werden von den Angehörigen eher als merkwürdiges oder herausforderndes Verhalten wahrgenommen, als Altersstarrsinn oder sogar böswilliges Verhalten.

Die Demenzkranken merken selbst zuerst, dass mit ihnen etwas nicht stimmt. Und sie versuchen sehr lange, vor ihrer Umwelt die Fassade aufrechtzuerhalten. Dabei sind sie sehr kreativ und erfindungsreich, vor allem wenn sie schon immer kommunikativ waren. Das geschieht vor allem aus Scham. Sie wollen sich und anderen nicht eingestehen, dass sie die Kontrolle über ihr Leben verlieren.

Symptome und Stadien einer Demenz

Frühes Stadium

- Leichte Vergesslichkeit,
- Orientierungsprobleme in Bezug auf Zeit und Ort,
- Wortfindungsschwierigkeiten,
- Probleme mit dem abstrakten Denken und der Beurteilung von Situationen,
- Entscheidungsschwierigkeiten,
- Probleme mit Routineaufgaben,
- Stimmungsschwankungen,
- leichte Verhaltensänderungen.

Mittleres Stadium

- Starke Vergesslichkeit,
- auf Hilfe im Alltag angewiesen,
- offensichtliche Verhaltens- und Persönlichkeitsänderungen,
- Schwierigkeit, vertraute Personen und Gegenstände zu erkennen,
- Kommunikationsfähigkeit nimmt ab.

Spätes Stadium

- Fast vollständig auf Hilfe angewiesen,
- Betroffene können die Körpersignale nicht mehr deuten, was z.B. zu Inkontinenz führt;
- können sich nicht mehr gut mitteilen;
- Schmerzen können nicht mehr kommuniziert werden;
- Probleme beim Essen und Trinken.

Die Ausprägung der Symptome ist bei jedem Menschen unterschiedlich. Auch kann das je nach Tageszeit und genereller Energie schwanken. Das erklärt auch die unterschiedliche Beurteilung des Gesundheitszustands innerhalb der Familie. Je weiter die Demenz voranschreitet, umso mehr nehmen die Symptome zu.

Der Weg zur Diagnose

Wenn Sie den Verdacht haben, dass bei Ihren Eltern eine demenzielle Erkrankung vorliegt, sollten Sie das unbedingt ärztlich abklären, mit dem Hausarzt, einem Neurologen oder bei einer Gedächtnisambulanz. Gerade im Anfangsstadium ist eine genaue Diagnose besonders wichtig, um herauszufinden, ob andere Erkrankungen die Ursache sind, zum Beispiel eine Altersdepression. Diese kann man dann u. a. mit Medikamenten behandeln.

> **!** Es gibt unterschiedliche Formen einer Demenz. Die Alzheimer-Erkrankung ist eine davon. Sie ist die am häufigsten vorkommende Demenzerkrankung.

Falls Sie sich noch mehr mit dem Thema Demenz beschäftigen wollen, finden Sie Buchempfehlungen am Ende von Kapitel 9.

Nach der Diagnose

Die Diagnose Demenz ist für alle Beteiligten erst mal ein Schock, verbunden mit Trauer und Sorge über die zukünftige Entwicklung.

Für viele ist es aber auch eine Erleichterung, weil es endlich eine Erklärung für das merkwürdige Verhalten gibt. Da das gesamte Umfeld betroffen ist, empfehle ich Ihnen, das Thema offen anzusprechen, sich nicht zu verstecken oder zu verheimlichen. Das erhöht die Akzeptanz und das Verständnis für die Situation.

Ganz wichtig: Wenn Ihr Vater oder Ihre Mutter die Diagnose Demenz erhalten hat, sprechen Sie ihm oder ihr nicht auf einmal alle Kompetenzen ab. Gerade im Anfangsstadium ist in vielen Bereichen noch ein eigenständiges und selbstbestimmtes Leben möglich.

Nutzen Sie diese Zeit, um wichtige Dinge zu regeln, z. B. das Erstellen einer Vorsorgevollmacht und Patientenverfügung, und um sich noch gemeinsame Wünsche zu erfüllen.

Und was können Sie tun? Demenz kann man nicht heilen. Die Gedächtnislücken und fehlenden Erinnerungen sind wie Bücher, die wahllos aus einem Bücherregal fallen. Wobei die frühesten Kindheitserlebnisse und deren Emotionen am längsten erhalten bleiben.

Ziel der Behandlung ist die höchstmögliche Zufriedenheit und Lebensqualität der Erkrankten und der Angehörigen, denn die Demenz betrifft alle.

Kern der Therapie ist die laufende Anpassung der Lebensumstände an die jeweiligen Fähigkeiten des Erkrankten. Wichtig ist es, alltägliche Tätigkeiten, wie beispielsweise Ankleiden und Essen, so lange es geht, selbständig durchführen zu können.

Die Angehörigen spielen dabei eine wichtige Rolle. Je weiter die Krankheit fortschreitet, umso belastender wird es allerdings für sie. Umso wichtiger ist es, sich rechtzeitig ein Hilfsnetz aufzubauen und sich über die Krankheit zu informieren.

Demenz verstehen

Wie kann ich meinen Eltern gut begegnen?

Bitte denken Sie daran: Auch wenn Ihre Eltern sich nicht mehr so verhalten wie früher – sie empfinden weiterhin alle Emotionen: Trauer, Wut, Freude, Angst, Unruhe, Scham und Stolz. Und sie zeigen diese oft ganz ungefiltert.

Wichtig für Sie ist es also, Ihren Eltern das Gefühl zu geben, dass sie ok sind, dass sie alles richtig machen, dass sie wertgeschätzt werden. Dass sie geborgen und sicher sind. Das Tröstliche daran – selbst wenn Ihre Eltern den Inhalt des Gesprächs wieder vergessen. Das gute Gefühl Ihrer Begegnung bleibt bestehen.

Bei all diesen Tipps denken Sie immer auch an sich. Sie werden nicht immer alles richtig machen können. Und manchmal gibt es Tage, da wollen Sie selbst einfach nur in den Arm genommen und getröstet werden. Das ist normal. Machen Sie sich deshalb bitte keine Vorwürfe. Überlegen Sie stattdessen, wie Sie gut für sich sorgen können.

Niemanden vorführen: Verunsichern Sie Ihre Eltern nicht mit Testfragen: „Na wer bin ich? Und – welchen Monat haben wir?“ Stattdessen erwähnen Sie im Gespräch zum Beispiel einfach den Monat, das gibt Orientierung.

Nicht argumentieren: „Das habe ich dir doch gerade eben schon gesagt! Das musst du doch wissen!“ Wenn Sie sich dabei ertappen, versuchen Sie daran zu denken, dass Menschen mit Demenz für Argumente nicht mehr zugänglich sind.

Nicht aggressiv werden und schimpfen: Der Demenzkranke vergisst vielleicht ganz schnell die Situation, aber das Gefühl, etwas falsch gemacht zu haben, oder beschimpft worden zu sein, bleibt.

Sich nicht über den Kopf Ihrer Eltern hinweg unterhalten: Es kommt leider immer wieder vor, dass sich Menschen in Anwesenheit des Erkrankten über ihn unterhalten. Deren Begründung: „Das bekommt er doch eh nicht mit.“ Bitte achten Sie in diesen Situationen auf die Würde Ihrer Eltern. Denn auch wenn das Gesagte vielleicht nicht verstanden wird – das Gefühl, nicht dazuzugehören, das ist da.

Nicht persönlich nehmen: Das ist leicht gesagt und doch immer wieder schwer. Wenn Ihre Mutter Sie beschuldigt, sie zu bestehlen. Oder wenn Ihr Vater Sie nicht mehr erkennt. Machen Sie sich immer wieder klar: Es ist die Krankheit, nicht der Mensch, der so handelt.

Die Würde wahren: Es geht darum, die Würde Ihrer Eltern zu wahren. Wenn Ihr Vater sein Leben lang immer Hemd und Anzug anhatte, dann sollte er nicht auf einmal eine Jogginghose anziehen müssen, nur weil das praktischer für die Pflegenden ist.

Oder Ihre Mutter, die schon immer auf Ihre Dauerwelle geachtet hat. Sie dürfen Ihr nicht gegen ihren Willen die Haare abschneiden, nur weil es praktischer für die anderen ist. Das ist Körperverletzung!

Unterschiedliche Zeitebenen

Die frühesten Kindheitserlebnisse und deren Emotionen werden am längsten gespeichert. Alles, was neu dazukommt, hat keinen Platz mehr, um sich festzuhalten. Wie ein volles Glas mit Murmeln. Neue haben einfach keinen Platz mehr.

Zeitebenen wechseln – das geht nicht linear: Mehrmals am Tag kann sich jemand wie 70, 50, 14 oder 5 Jahre fühlen. Und zwar nicht nur so alt, sondern auch mit dem Lebensgefühl von damals. Ist jetzt Krieg? Muss ich in die Schule? Ich muss auf meine kleine Schwester aufpassen!

Das zeigt sich auch beim Ansprechen mit Namen: Frau Elisabeth Schmidt, geborene Jung, reagiert dann z.B. auf ganz unterschiedliche Ansprachen, Frau Schmidt, Frau Jung, Elisabeth, Lissi oder Liesel. Versuchen Sie einmal herauszufinden, was die Jugend-Spitznamen Ihrer Eltern waren.

Nähe trotz Demenz

Wie reagieren Sie, wenn Ihre Mutter Sie nicht mehr erkennt?

Gerade, wenn Ihre Mutter gefühlt in ihrer eigenen Kindheit lebt, kann es vorkommen, dass Sie von ihr für ihre Schwester gehalten werden, oder gar nicht mehr erkannt werden.

Das ist ein ganz heftiger Moment, vor dem sich viele fürchten. Es ist gut, wenn Sie sich innerlich darauf einstellen, dass das passieren kann.

Diese Phasen können sich abwechseln und an manchen Tagen wird Ihre Mutter wieder ganz klar wissen, wer Sie sind. Es kann dabei auch ganz rührende Momente geben. Etwa wenn Ihre Mutter zu Ihnen sagt: „Junge Frau, nachher kommt meine Tochter. Da freue ich mich schon sehr darauf. Die kümmert sich immer ganz lieb um mich."

In so einem Fall verabschieden Sie sich von ihr und gehen aus dem Zimmer. Nach ein paar Minuten treten Sie wieder ein und begrüßen Ihre Mutter. Vielleicht erkennt sie Sie dann.

Doch auch wenn Ihre Mutter vielleicht nicht mehr weiß, dass Sie Ihre Tochter sind, Sie wissen, dass das Ihre Mutter ist. Ihre Mutter wird sehr wohl erkennen, dass da jemand Vertrautes ist, jemand der ihr guttut, jemand, den sie mit einem erkennenden Lächeln begrüßt. Dieses Wissen darf Sie dabei trösten.

Ab einem bestimmten Stadium geht es auch darum, eine liebevolle Distanz zu entwickeln, und sich innerlich von dem gewohnten Bild der Eltern zu verabschieden. Doch denken Sie daran: Ihr Vater, Ihre Mutter, sie sind immer noch da.

Sie können sich vielleicht nicht mehr so klar ausdrücken, doch die emotionale Nähe, die spüren sie. Gemeinsam singen, lachen, zusammen essen, sich umarmen oder einfach nur beieinandersitzen und aus dem Fenster schauen. So können Sie sich und Ihren Eltern das Geschenk Ihrer Präsenz machen. Wirkliches füreinander da sein.

Achten Sie auch in diesen Situationen gut auf sich. Wenn Ihnen zum Beispiel der Körperkontakt mit Ihren Eltern Schwierigkeiten bereitet, dann zwingen Sie sich nicht dazu. Es gibt genügend andere Möglichkeiten, um eine vertraute Atmosphäre zu schaffen. Die Journalistin und Autorin Peggy Elfmann schreibt sehr einfühlsam und persönlich darüber auf ihrem Blog: „Ich bleibe für immer Mamas Tochter“, https://alzheimerundwir.com/erkennt-sie-dich/.

„Ich will heim zu meiner Mutter“

Wie gehen Sie damit um, wenn Ihr alter Vater sagt: „Ich muss nach Hause zu meiner Mutter!“

Es ist gut, wenn Sie innerlich darauf vorbereitet sind. Denn es ist erst einmal schwer auszuhalten, dass Ihr Vater nicht mehr weiß, wie alt er selbst ist und dass seine Mutter nicht mehr lebt.

Wie bei allem unerklärlichen Verhalten, versuchen Sie zu verstehen, dass sich hinter diesem Satz ein bestimmtes Bedürfnis verbirgt. Auch wenn dieser Wunsch für Sie komplett unrealistisch erscheint. Je besser Sie es schaffen, darauf einzugehen, umso besser ist es für Ihr Verhältnis zueinander.

Fragen Sie sich zuerst einmal: „Worum geht es hier eigentlich? Was ist mir wichtig? Möchte ich objektiv Recht behalten, oder möchte ich ein vertrauensvolles Verhältnis zu meinem Vater, zu meiner Mutter aufbauen oder erhalten?“

Nachfolgend zeige ich Ihnen vier unterschiedliche Reaktionsmöglichkeiten – und welche Auswirkungen diese Reaktionen auf Ihre Eltern haben.

Realitätsorientierung

Als Sohn oder Tochter ist Ihr erster Impuls natürlich, Ihren verwirrten Vater von der *richtigen* Realität zu überzeugen.

„Aber Papa, du bist doch hier zu Hause. Und überleg doch mal, wie alt du selbst bist. Dann müsste deine Mutter ja schon über 120 Jahre alt sein. Deine Mutter ist schon lange tot."

Oft wird als Argument für den Einsatz dieser Realitätsorientierung genannt, dass diese dem alten Menschen Struktur und Orientierung geben soll. Doch das Gegenteil ist der Fall. Denn wenn Ihr Vater nach Hause zu seiner Mutter möchte, dann ist genau das seine objektive Realität.

Wenn Sie ihn also korrigieren, schämt er sich, dass er das vergessen hat und, was noch viel schlimmer ist – er erlebt den Schock und die Trauer über den Tod der eigenen Mutter gerade so, als ob er zum ersten Mal davon erfährt. „Oh Gott, meine Mutter ist tot?!?"

Vielleicht wird er Sie beschimpfen: „Du lügst!" Oder sehr traurig sein.

Und auch wenn er vielleicht nach kurzer Zeit vergessen hat, warum er so traurig ist – das Gefühl von Verlust und Trauer bleibt bestehen. Und das Gefühl, dass Sie irgendetwas damit zu tun haben.

Ablenken

Eine andere Möglichkeit der Reaktion kennen Sie vielleicht aus der Kindererziehung. Das Ablenken. Aber was bei Kindern gut funktioniert, führt bei verwirrten Menschen eher zu Frustration.

„Ja Papa, du willst heim zu deiner Mutter. Aber erst mal gibt es eine schöne Tasse Kaffee und dann machen wir einen kleinen Spaziergang. Schau mal, draußen scheint die Sonne und die Vögel singen."

Bei dieser Reaktion fühlt sich Ihr Vater einfach nicht ernst genommen. Er will dringend nach Hause zu seiner Mutter und kann jetzt mit Kaffeetrinken und Sonnenschein wirklich nichts anfangen.

Wenn er das Gefühl hat, dass Sie ihn nicht ernst nehmen, wird er sich Ihnen gegenüber immer mehr verschließen und nach und nach weniger von seinen Wünschen und Bedürfnissen erzählen.

Anlügen

Manchmal versuchen Sie vielleicht, sich mit einer Lüge weiterzuhelfen. „Deine Mutter hat angerufen, sie kommt morgen vorbei. Ich habe sie vorhin noch gesehen."

Mit dieser Variante können Sie Ihren Vater vielleicht für den Augenblick beruhigen, aber das wird nicht lange anhalten. Denn auch wenn Ihr Vater das vielleicht nicht mehr bewusst erkennt, so spürt er irgendwie, dass das nicht stimmen kann. Wenn er dann merkt, dass nichts passiert, ist er sehr enttäuscht. Zum einen, weil seine Mutter doch nicht kommt und zum anderen von Ihnen.

Durch diese Lüge wird das Vertrauensverhältnis zwischen Ihnen beiden gestört. Es kann sein, dass sich Ihr Vater immer mehr zurückzieht und weniger spricht.

Meine unbedingte Empfehlung: Empathisches Begegnen

Es gibt eine Methode, die auf dem empathischen Einfühlen in die Welt des alten verwirrten Menschen beruht (Validation von Naomi Feil). Richtig angewendet, fühlt sich Ihr Vater mit seinen Bedürfnissen ernst genommen und verstanden.

Und wie funktioniert das?
Sie nehmen die Aussage Ihres Vaters ernst und bringen ihn durch einfühlsames Nachfragen zum Erzählen. „Du willst nach Hause zu deiner Mutter? Wo wohnt sie denn? Wie sieht das Haus aus? Was ist das erste, was du bei deiner Mutter machen wirst? Was willst du deiner Mutter sagen?"
Seien Sie einfühlsam und kreativ mit diesen Fragen. Und machen Sie viele Pausen. Es ist wichtig, dass Ihr Vater ins Reden

kommt. Dadurch fühlt er sich ernst genommen und er kann seine Gefühle und Bedürfnisse mitteilen.

Vielleicht hat er das Gefühl, dass er seiner Mutter noch etwas Wichtiges sagen muss. Vielleicht will er nach Hause, um sie zu trösten. Oder er hat ihr versprochen, zu Hause zu helfen. Oder es löst schöne Erinnerungen in ihm aus.

Durch das Reden kann er angestaute Emotionen ausleben und mit sich selbst ins Reine kommen. Ihr Vater wird erleichtert sein, dass Sie ihn ernst nehmen, und er die Möglichkeit hat, seine eigenen Gefühle auszudrücken. Er wird wissen, dass Sie es gut mit ihm meinen. Auch später, wenn er sich nicht mehr an das Gespräch erinnern kann. Das wohlwollende, vertraute Gefühl bleibt.

Diese Variante erfordert ein wenig Übung, weil es eben nicht mehr darum geht, dass sie Recht haben, sondern darum, die Realität Ihres Vaters anzuerkennen. Aber wenn es Ihnen gelingt, so wird er Ihnen weiterhin vertrauen und von sich und seinen Bedürfnissen erzählen. Und dafür lohnt es sich.

Meine Buchtipps zum Thema Demenz:

Martin Suter (1999): Small World. Diogenes Verlag

Arno Geiger (2014): Der alte König in seinem Exil. dtv

Udo Baer, Gabi Schotte-Lange (2019): Das Herz wird nicht dement – Rat für Pflegende und Angehörige. Julius Beltz

Peggy Elfmann (2021): Mamas Alzheimer und wir. Mabuse-Verlag

Eva Helms (2020): Es ist nicht alles Demenz: Das Mutmach-Buch nach der Diagnose. Ernst Reinhardt Verlag

10 Schlussgedanken

Was haben Sie über sich und Ihre Eltern erfahren?

Sie haben jetzt einiges über sich und Ihre alten Eltern erfahren. Was waren Ihre besonderen Aha-Momente und wie wollen Sie diese Erkenntnisse in Ihren Alltag integrieren? Vielleicht schauen Sie sich dazu noch einmal „Die Aufgaben der Elternkümmerer“ in Abbildung 2 an.

- In welchen Bereichen hat sich Ihr Verständnis für sich und Ihre Eltern geändert?
- Was wollen Sie in Zukunft anders machen?
- Was können und was wollen Sie leisten?
- Welche Erwartungen wollen Sie erfüllen und warum?
- Wie können Sie gut für sich sorgen?

Sie wissen jetzt, dass Ihre innere Einstellung ganz entscheidend Ihr Erleben mit Ihren alten Eltern prägt. Sie haben mehr Verständnis für die Ängste, Sorgen und Bedürfnisse Ihrer Eltern.

Sie verstehen sich selbst und das Verhalten Ihrer Eltern besser und können dadurch immer gelassener reagieren.

Vielleicht haben Sie auch für sich entdeckt, wann es sich einfach nicht lohnt zu diskutieren – und Sie stattdessen lieber dreimal tief durchatmen.

Sie haben herausgefunden, in welchen Situationen sich Ihr schlechtes Gewissen meldet und was Sie dagegen tun können.

Je klarer Sie für sich sind, umso gelassener können Sie den kommenden Herausforderungen begegnen. Und je besser Sie wissen, was Ihnen gut tut, umso kraftvoller können Sie für sich sorgen und gleichzeitig für Ihre Eltern da sein. Sie entscheiden, ob und wie Sie sich um Ihre Eltern kümmern wollen, auf Ihre ganz persönliche Art, selbstbestimmt als erwachsene Tochter, als erwachsener Sohn.

Was ist wirklich wichtig?

Einschneidende Erfahrungen, wie zum Beispiel während der Corona-Zeit, machen uns allen ganz besonders deutlich, wie wichtig uns der Zusammenhalt in der Familie ist, der persönliche Kontakt und das Zugehörigkeitsgefühl. Und wie unwichtig auf einmal manche Kämpfe werden. Wir sollten diese Erfahrung auch in unseren Alltag mitnehmen. Weniger oft Recht haben wollen, dafür mehr Gelassenheit und Verbindung erleben.

Und auch wenn das Verhältnis zu Ihren Eltern sehr belastet ist, wünsche ich Ihnen, dass Sie einen Weg finden, sich mit Ihren Eltern zu versöhnen oder zumindest mit der Situation. Wenn Ihnen das gelingt, machen Sie sich selbst das größte Geschenk.

Ich wünsche Ihnen, dass dieses Buch Sie gut durch diesen besonderen Lebensabschnitt begleitet, Ihnen immer wieder Erklärungen für das Verhalten Ihrer Eltern und Anregungen für Sie selbst gibt und dass es Ihnen Mut macht, zu Ihren Bedürfnissen zu stehen. Und denken Sie daran: „Gemeinsam kümmert es sich besser!“

11 Anhang: Checklisten und weitere nützliche Hilfen

Checkliste 1: Erste Anzeichen für den Unterstützungsbedarf der Eltern

Was sind Anzeichen, die darauf hindeuten, dass Ihre Eltern aktuell oder in absehbarer Zukunft Unterstützung benötigen? Betrachten Sie dabei jedes Elternteil einzeln.

1. Gesundheitszustand

- Haben Ihre Eltern an Gewicht verloren oder wirken irgendwie zerbrechlicher, nicht mehr so belastbar?
- Gehen sie weniger unter Leute, machen sie weniger Ausflüge. Bleibt Ihre Mutter zum Beispiel im Sessel sitzen, wenn Sie sich verabschieden, statt Ihnen wie sonst immer vor der Tür nachzuwinken?
- Stehen die Wasserkästen in der Garage, statt im Keller?
- Hören Ihre Eltern noch gut, verstehen sie alles?
- Dreht Ihr Vater seinen Kopf immer zur Seite, damit das bessere Ohr hören kann?
- Hat Ihre Mutter einen schlurfenden Gang oder stolpert sie häufiger als sonst, muss sie sich häufiger hinsetzen, will oder kann sie keine langen Spaziergänge mehr machen?

2. Geistige Beweglichkeit und Verhalten

- Unterhalten sich Ihre Eltern nicht mehr so lebhaft mit Ihnen?
- Hat sich der Inhalt der Unterhaltungen geändert?
- Haben Sie das Gefühl, Ihre Eltern können Ihnen im Gespräch gar nicht mehr richtig folgen?
- Es wird immer wieder die gleiche Geschichte von früher

erzählt oder über die auf einmal übel meinende Nachbarin geschimpft?

- Vielleicht wundern Sie sich auch darüber, dass Ihre Mutter auf einmal nicht mehr weiß, wie die Kaffeemaschine bedient wird, oder sie vergisst das Rezept für Ihren Lieblingskuchen.

3. Soziale Kontakte

- Gehen Ihre Eltern immer noch gerne aus?
- Besuchen sie Freunde oder gehen in ihren Verein?
- Unternehmen sie Ausflüge und Urlaube?
- Telefonieren sie noch gerne mit ihren Freunden oder Nachbarn.
- Oder gehen sie auf einmal nur noch ungern aus dem Haus und beschweren sich darüber, dass sich keiner mehr meldet?

4. Wohnung / Haus / Garten

- Ist die Wohnung unordentlicher, als Sie es sonst gewöhnt waren?
- Ist es vermüllt oder schmutzig?
- Liegt ungeöffnete Post herum oder Rechnungen und Mahnungen? Liegen überall Notizzettel oder Dinge, die nicht an ihrem richtigen Platz sind?
- Ist die Wäsche nicht weggeräumt, müssten kleinere Reparaturen gemacht werden? Eine kaputte Glühbirne, ein Stromkabel das mit Tesafilm geklebt wurde, eine klemmende Toilettenspülung, ein tropfender Wasserhahn, ein Wassereimer unter dem tropfenden Waschbecken, Rolläden, die nicht mehr funktionieren oder zu schwer geworden sind?
- Ist der Garten ungepflegt oder verwildert?

5. Küche

- Wie sieht es im Kühlschrank aus? Gibt es frische Lebensmittel oder Dinge, die Ihre Eltern normalerweise zum Kochen verwenden?

- Gibt es abgelaufenes oder verschimmeltes Essen?
- Gibt es dreckige Pfannen und Töpfe? Die werden gerne auch mal zur Zwischenlagerung in den Backofen gestellt.
- Haben die Töpfe oder die Küchenplatte Brandspuren? Wie sieht es mit dem Backofen, der Mikrowelle oder der Tiefkühltruhe aus?

6. Gesundheit und Medikamente

- Wie sieht der Medizinschrank aus?
- Welche Medikamente finden Sie im Haushalt?
- Gibt es angebrochene oder abgelaufene Packungen?
- Haben sich Ihre Eltern die Medikamente selbst besorgt und wofür?

7. Autofahren

- Fahren Ihre Eltern noch genauso sicher wie früher?
- Fühlen Sie sich sicher, wenn Sie mit Ihren Eltern fahren?
- Würden Sie einen geliebten Menschen bei Ihren Eltern mitfahren lassen?

Checkliste 2: Unterstützungsbedarf der Eltern einschätzen

In welchen Bereichen benötigen Ihre Eltern aktuell oder in absehbarer Zukunft Unterstützung? Betrachten Sie dabei jedes Elternteil einzeln.

- Familiäres Umfeld (Ehepartner, Kinder, Verwandte)
- Gesundheitliche Unterstützung (Arztbesuche, regelmäßige Medikamentengabe oder Therapien, Thrombosestrümpfe anziehen, Hörgeräte überprüfen)
- Bestehende Krankheiten: z.B. Schwerhörigkeit, Sehprobleme, Gehprobleme, Inkontinenz, Diabetes
- Allgemeine Beweglichkeit, Treppensteigen, alleine aus dem Sessel oder dem Bett kommen, spazieren gehen
- Körperpflege, Friseurbesuch, Fußpflege
- Essen und Trinken zubereiten
- Haushalt: Waschen, Putzen, Reparaturen, Einkaufen, Gartenarbeit (täglicher Bedarf und Großeinkauf)
- Mobilität: Nutzung öffentlicher Verkehrsmittel, zu Fuß gehen, Radfahren, Autofahren, Taxi fahren
- Soziale Kontakte: Kinder, Familie, Freunde, Nachbarn, Vereine, Gemeinde, Besuche von Veranstaltungen, Ausflüge
- Sicheres Wohnumfeld ohne Stufen und Stolperfallen
- Geistige Fitness und Verhalten: noch gut im Alltag zurechtkommen, Gedächtnisleistung, Interesse am Weltgeschehen, Erfassen von komplexen Themen, Verhaltensänderung, Depression
- Papierkram: Rechnungen, Finanzen, Post, Kataloge
- Kommunikation: Zeitung, Fernsehen, Telefon, Handy, Internet, WhatsApp
- Hobbies

Checkliste 3: Tipps für eine erfolgreiche Familienkonferenz

Wenn die Eltern Unterstützung brauchen, sind viele in der Familie davon betroffen. Deshalb ist es wichtig, dass sich alle zusammensetzen und gemeinsam die nächsten Schritte besprechen.

Im Vorfeld klären:

- Wer könnte sich theoretisch kümmern?
- Wie ist das Verhältnis untereinander?
- Wer verfolgt welche Interessen – finanziell und emotional
- Wie sind die Rollen verteilt?
- Wer hat was zu sagen?
- Auf wen hört die Mutter, der Vater?
- Welche Wünsche, welche Erwartungen, welche Absprachen gibt es?

Wer sollte dabei sein?

Am besten alle, die sich theoretisch kümmern können, damit sich niemand ausgeschlossen fühlt. Das geht auch per Telefon oder Videokonferenz.

Wo sollte das Treffen stattfinden?

Am besten an einem Ort, an dem sich alle wohlfühlen.

Regeln für das Treffen

Alle einigen sich darauf, dass erst einmal jeder angehört wird und seine Meinung sagen darf. Ohne gleich Lösungsvorschläge zu machen oder Gegenargumente zu finden. Erst danach geht es um die weiteren Schritte.

Ziel für das Meeting

Sie treffen sich, weil Sie gemeinsam die beste Unterstützung für Ihre Eltern organisieren wollen.

Welche Themen sollten besprochen werden?

- Einschätzung des aktuellen und zukünftigen Unterstützungsbedarfs der Eltern
- Herausfinden, wer was leisten kann und will.
- Was läuft alles gut?
- Was könnte besser laufen?
- Was kann so nicht weitergehen?
- Sind alle dieser Meinung?

Klarheit über die Aufgabenverteilung

- Stellen Sie sicher, dass alle Beteiligten wissen, welche Aufgaben sie übernehmen und um was genau sie sich kümmern.
- Legen Sie die nächsten Schritte fest.
- Vereinbaren Sie einen Termin für ein nächstes Treffen.
- Ein kurzes Protokoll kann dabei helfen.

Regelmäßige Folgetreffen vereinbaren

Sie werden sicherlich nicht alle Themen in einem Treffen klären können. Viele Themen müssen auch erst einmal verdaut werden, deshalb ist es gut, weitere Folgetreffen zu vereinbaren.

Mögliche Herausforderungen

Es kann sein, dass es sehr unterschiedliche Meinungen darüber gibt, was das Beste für die Eltern ist. Versuchen Sie, sich auf konkrete Problembereiche zu konzentrieren. Akzeptieren Sie, dass es nicht die eine Lösung dafür gibt. Erinnern Sie sich immer wieder an das gemeinsame Ziel: eine gute Lösung für die Unterstützung der Eltern finden.

Checkliste 4: Woran erkennen Sie, dass Ihre Eltern nicht mehr sicher Auto fahren können?

Welches Verhalten oder welche Anzeichen haben Sie in letzter Zeit bezüglich des Fahrstils Ihrer Eltern bemerkt

- Sie fahren öfters über den Bordstein.
- Sie missachten Verkehrsschilder und rote Ampeln.
- Sie biegen an Kreuzungen falsch ab oder missachten rechts vor links.
- Das Auto und die Garage haben vorne und hinten Schrammen und Beulen.
- Sie fahren unangemessen schnell, langsam oder unentschlossen.
- Sie entscheiden sich nur sehr zögerlich.
- Sie schätzen Verkehrssituationen nicht mehr richtig ein.
- Sie finden den Weg zu bekannten Zielen nicht mehr.
- Sie wissen oft nicht mehr, wo sie das Auto geparkt haben.
- Sie werden während des Fahrens ungewöhnlich wütend oder verwirrt.
- Sie haben Schwierigkeiten, die Fahrspur zu halten.
- Sie orientieren sich beim Fahren am Mittelstreifen.
- Sie verwechseln Gas- und Bremspedal.
- Sie kommen später als sonst von einer Routinefahrt zurück.
- Eigentlich gibt es keine direkten Anzeichen für ein unsicheres Fahren. Doch das Verhalten und die Einschränkungen in anderen Lebensbereichen geben Ihnen aber Grund zur Sorge.
- Wurde bei Ihren Eltern eine Demenz diagnostiziert? Dann sollten die behandelnden Ärzte unbedingt mit einbezogen werden.

Gibt es einen Plan, für den Fall, dass Ihre Eltern nicht mehr selbst Auto fahren können? (Wie ist deren Versorgung und Mobilität sichergestellt?)

- Ja
- Nein

Würden Sie bedenkenlos Ihr Kind oder einen geliebten Menschen mit Ihrem Vater oder Ihrer Mutter fahren lassen?

- Ja
- Nein

Bullshit-Bingo

Elternsätze

Dein Bruder hat doch so eine wichtige Arbeit!	Willst du nicht mal wieder zum Friseur gehen?	Dass du dich mal meldest!	Du wolltest doch schon um 12 Uhr bei mir sein!
Willst du jetzt schon wieder gehen?	Wolltest du nicht abnehmen?	Was erlaubst du dir eigentlich?!	Das kann man ja wohl erwarten, oder?
Deinem Bruder kann man das nicht zumuten.	Fremde Leute kommen mit nicht ins Haus.	Was sollen denn die Leute sagen!	Das ist ja wohl wirklich nicht zu viel verlangt!
Deiner Schwester macht das nichts aus!	Trägt man das jetzt so?	Nie hast du Zeit!	Immer hast du es so eilig!

Übung „Energie tanken“

Eine kurze Meditation für einen erfrischenden Energiekick und mehr Gelassenheit. Sie dauert nicht mal eine Minute und Sie können sie mehrmals täglich in Ihren Tag einbauen.

Legen Sie Ihre Hände übereinander auf Ihr Herz
und schließen Sie die Augen:

Atmen Sie bewusst tief ein und aus.

Beim ersten Einatmen sagen Sie sich:
„Liebe.“
Beim Ausatmen sagen Sie sich:
„Ich bin sicher.“

Beim nächsten Einatmen sagen Sie sich:
„Unterstützung.“
Beim Ausatmen sagen Sie sich:
„Danke.“

Beim nächsten Einatmen sagen Sie sich:
„Lebensfreude.“
Beim Ausatmen sagen Sie sich:
„Ja!“

Stärkende Worte für Elternkümmerer

- Ich mache genug.
- Ich entscheide selbst, was ich leisten kann und möchte.
- Ich leiste viel und gebe mir selbst die Anerkennung dafür.
- Ich darf mir Auszeiten gönnen.
- Ich darf es mir gut gehen lassen.
- Ich gebe mir selbst die Erlaubnis für mein Handeln.
- Ich darf um Hilfe bitten.
- Ich darf Unterstützung annehmen.
- Ich vergleiche mich nicht mit anderen.
- Nur weil ich in der Nähe wohne, muss ich mich nicht um alles kümmern.
- Ich darf mein Leben genießen.
- Ich muss nicht alles alleine machen.
- Ich akzeptiere, dass es unterschiedliche Wege zum Ziel gibt.
- Nicht alles, was ich gut kann, muss ich auch tun.
- Ich darf mir ohne schlechtes Gewissen Gutes tun.
- Ich muss nicht alle Erwartungen erfüllen.
- Ich gehe liebevoll mit mir um.
- Ich achte gut auf mich.
- Ich darf das.

Sachregister